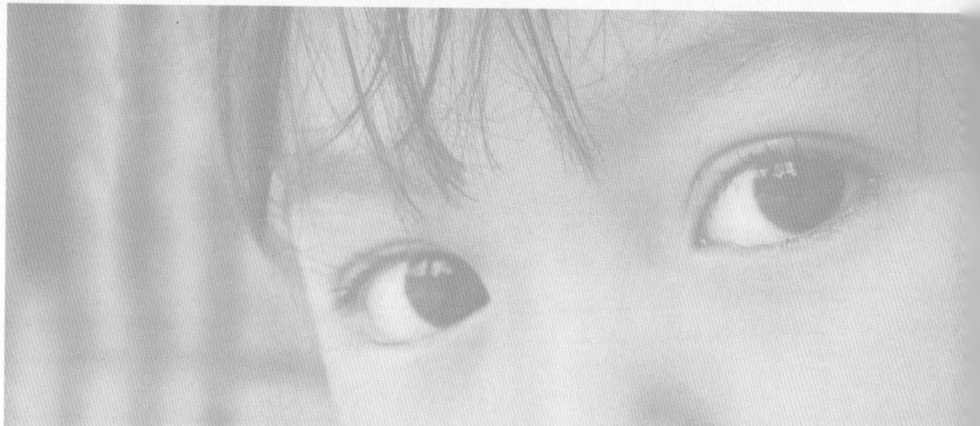

這國，這島，這城

你意想不到的印度尼西亞

杜昭瑩 著

自序
我所看見的印度尼西亞

這些篇章是我住在印尼時的文字集結。

整整三年，當丈夫上班孩子上學的漫漫長日，我被擁塞糾結的交通困囿在不同的咖啡館，展開紙，打開筆電，與自己徹底的獨處，誠實的對話，認真的思索生活當中的所遇所見所聞，並且日復一日如實的記錄。

我確定這不是一本單純的遊記，裡頭沒有觀光客高張的興奮情緒，也沒有拍拍屁股說走可走的隨興不羈。這當然也不夠格稱上是一本老生常談的生活工具書，我還沒有長住幾十年的資深經歷，足以支撐一份縱貫古今放眼未來的滔滔大理。自然也描繪不來一幅完美無缺的指南，告訴人們哪裡好玩好吃以求歡暢快意，或是哪裡得要謹慎小心以便趨吉避凶。我僅僅是從旅人的腳步出發，邁開一步，一步，再一步，漸漸把異國生活像塵埃般無聲落定，變成人生當中短而不暫的某個家常片段。其中有光有影，有絢爛有平常，是一個異鄉人的種種生活當下。

一個當下堆疊著另一個當下，一個句子追逐著下一個句子，一天過去又一天，我用三年的時間層層架構出我所看見的印度尼西亞。

可是，這或許並不是你意想之中的這國這島，與這城。

同樣身為亞洲的島國人民，遺憾的是，除了外勞與外傭，落後與暴動，我們對印尼的認識微乎其微。在台灣，罕有人知道它是世界最大的島嶼國，領土涵蓋一萬多個大小島嶼。少有人聽過終年常溫的雅加達乾爽舒適，比台北盆地的嚴酷溽暑來得宜人。大部份的人只以為印尼貧窮落後，可是並不知道，印尼的富裕和貧窮都遠遠遠遠超出他們的想像。

人們不只不了解，更多的時候，甚至不感興趣。

過往幾年當我回台渡假時，每回上美容院，洗頭妹妹一眼看出我身份詭異，總喜歡探問我從哪裡回來。如果我回答的是英國美國比利時這些歐美國家，她們無一例外，眼睛閃閃發亮，好奇的詢問各種問題，還會不時發出欽羨的嘖嘖聲。這類有趣熱絡的對話在我搬到印尼之後不復出現，當人們一聽到我住在印尼，很奇怪，少有人會再往下追問，興味索然的模樣和之前有著天壤之別。

即便我身邊親近的家人朋友也不免如此。

當年短暫停留英國時，二十出頭的小妹隻身單飛，繞過半個地球，風塵僕僕趕來會我。住在美國那些年，眾多親友輪番飛來小住，恣意享受加州的陽光。而比利時呢？華人少見，語言不通，但父親一點也不在意，就算來程在德國法蘭克福機場轉丟了飛機，費了好一番折騰才抵達，他也毫無懼色，依舊興致高昂的在布魯塞爾安住了兩個星期。可是自從搬到雅加達，我的訪客名單急速縮水，寥寥可數。

雅加達距離台北才僅僅五個鐘頭的飛行航程，遠遠少於以往動輒十多小時的其他國家城市，但是姊姊弟弟妹妹全部興味索然。早期赴大陸經商的父親更是一開始就表明了他對印尼的造訪沒有熱情，他說：「落後的生活我過夠啦！」拗不過我努力的解釋與遊說，父親終於願意來看看我口中所說比台北還要豪華的雅加達。可到了當天，就在我與沖沖準備要出門接機時，父親突然從廈門機場來了電話，說是這才發現護照期限不足六個月當場被攔了下來。「很抱歉啊！」他在電話那頭頻頻這樣說，我感到啼笑皆非，因為我聽出了他語氣當中竟然有著鬆了一口氣的竊喜。

一直到搬離印尼前，我終究沒能勉強父親兌現那張延遲的機票。我也終究沒能有機會帶他看看雅加達氣派的樓群與充滿異國風味的舊城區，逛逛奢華的購物廣場，品嘗美味的南國佳餚，享受美好的小島風情，領略人們的和善與熱情。也自然沒能有機會讓他真實的貼近首都另一面的貧窮面貌，領教可怕的塞車與混亂的交通，感受長夏國度的的散漫氛圍，甚或是見識到許許多多我們不能理解的生活樣態。

印尼不是一個最理想完美最適合外人居住或造訪的國度，可是它絕對豐富而多面，蘊含著許多意想不到的精彩寶藏，等著我們去挖掘。多可惜，我的親友我的鄉人少有這樣的想望與機會。

好吧！那麼，這就是我所看見的印度尼西亞了，當中有晴空也有雨夜，有歡笑也有眼淚，有臣服也有不解。透過我的筆，也透過許多印尼史地文化的補充與提點，盼望你們對這個熟悉又陌生的國度，將會有不同於以往的另一種認識與理解。

目錄

第二部 赤道下，大步行走 171

第三部 千里外，總是想起我的家 299

第一部

高樓上，大口呼吸

1 迷惑

聽到我們將從比利時搬家到印尼的時候，一位長住布魯塞爾的中國朋友面露難色的對我說：「搬去印尼？為什麼你們不去馬來西亞呢？」

馬來西亞？那不就在印尼隔壁嗎？不都是東南亞國家嗎？有多大差別嗎？

她受不了我一點都不想掩飾的無知與天真，誠實的說：「當然不一樣！」接著，她一點都不想掩飾她語氣中的輕蔑，哼著鼻子說：

「印尼，那麼落後的地方！」

是喔？我一時語塞，完全不知道該做何反應。我可以理解她的疑惑，在很多人的印象當中，印尼是個尚未完全開發的國度，貧窮落後，有天災還有動亂，並不是一個適合外國人安家落戶的上上之選。正因如此，身邊許多朋友對於我們的異動，不約而同保持著禮貌上的沉默，不知道該替我們惋惜還是為我們祝福。

可是，同時，我也聽到一些完全不同的看法。有朋友拍著胸脯保證說：「大家都誤會了！印尼絕對不是那樣！」他實際見識過的印尼首都是個國際大都會，氣勢恢宏，遠比台北來得豪華且氣派。還有一位長輩才剛剛旅經雅加達，他在E-mail裡難掩激動的寫著：「雅加達，那是一個充滿活力的城市！」

眾說紛紜令人疑惑，我該聽信哪一方呢？老實說，我並不特別在意旁人帶著偏見的諸多質疑，也不會一味相信友人充滿勉勵意味的肯定，我只是覺得很有趣。想想看，我即將帶著兩種截然不同的觀點去認識一個全新的世界，也即將一天一天靠著自己去親自解開謎題，去得到真正的解答。像這樣尋求水落石出的一段過程，多有意思！

一天一天，沒錯，認識一個新世界需要一點時間，尤其它的確就是傳言中面貌多樣的一個國度。儘管在我們闖進來雅加達一段時間之後，仍然沒有誰敢拿起電話跟遠方親人斬釘截鐵的說：雅加達，它就是一個這樣的地方；或者在寫給朋友的伊媚兒裡明確中肯的說：印尼，它就是那樣的一個國家。這塊土地的真實面貌著實令人費解，想要得到正確的答案，所需的時間遠比想像當中還要長還要久。

沒錯，雅加達是個現代大都會。市中心的高樓櫛比鱗次，一樓還有一樓高。從住處的二十幾層高樓往外看，你會誤以為自己正落腳曼哈頓的某個小角落，要是你坐在車裡往外看，你得全力仰頭才能看到高樓頂端。當你走在高級豪華的購物商場大樓，你一點都不懷疑就算你在台北在巴黎在倫敦，都不一定能見識到這樣的高貴與氣派。

可是雅加達也不吝於對外人展示它的另一面。沒有規則的交通，令人咋舌的路況，高級轎車旁的破舊老公車，奔馳在大樓底下的三輪電動車，烈日下簡陋破舊的小攤，車水馬龍之間突然出現在車窗的要錢小女孩面龐。這樣的時刻，你會以為回到了幾十年前的台灣街頭，或者甚且去到你這輩子還不曾真正經歷過的窮鄉僻壤。

這是個多麼奇特的城市啊，一邊是現代繁榮高級豪華，另一邊是落後貧窮髒亂破敗。這兩者為什麼能夠共同存在，成為一個城市的共同面貌呢？

雅加達，我對這個城市的認識，果不其然，是以迷惑作為開始。

萬島之國，熱帶之都

印度尼西亞（Republik Indonesia），簡稱印尼，為世界人口第四多的國家（前三依序為：中國、印度、美國），截至二〇一三年底約為兩億三千八百萬人。

國境內共計一萬三千六百六十七個島嶼，為世界最大的群島國家，包含五大島（蘇門答臘、爪哇、加里、蘇拉威西、尹利安加亞）、兩大群島（努沙登加拉、摩鹿加群島）以及六十個小群島。

首都雅加達（Jakarta）位於爪哇島西北海岸，北部面臨爪哇海，往南延伸呈倒三角形的模樣。該城市於十七世紀初期成為荷屬東印度的首都，經歷過荷蘭、英國、日本的殖民統治，於一九二〇年代始開始快速現代化，進入二十一世紀後，雅加達發展成為東南亞人口最多的國際都市。

現今雅加達正式名稱為「雅加達首都特區」（Daerah Khusus Ibukota Jakarta），當地人則習慣縮寫成「DKJ」，其發音為「De-Ka-Yi」。它並沒有一個明確的市中心，蘇哈諾時期的民族紀念碑矗立在自由廣場（Lapangan Merdeka）成為一個中心地標的劃分：紀念碑以北為老城區，有殖民歐洲風味，以南則較為現代化。

相較於紐約被稱為「大蘋果」，雅加達則有「大榴槤」的稱呼，意味這個城市高樓大廈與貧民窟並置，外表帶刺，充滿強烈氣味，不容易下嚥。

2

舊城區的歐風尋覓

搬到雅加達三個月之後，我們異常地想念一杯歐洲香醇的咖啡。聽說舊城區的附近有歐風咖啡屋，找個週末，趕緊去看看。

資料上說Kota Tua舊城區有許多荷蘭統治時期遺留下來的歐式建築，那是什麼景象呢？我想起淡水的紅毛城，會不會是像那樣白牆紅瓦，別有一番異國風情呢？

經過中央車站，經過熱鬧但是繁亂的中國城，我們好不容易越過擁塞的交通來到歷史博物館前大廣場。放眼望去，艷陽下的觀光客三三兩兩，倒是許多當地居民三兩成群聚集在大樹下納涼，另外有一些小販來回梭巡叫賣，還有一組人馬取景拍婚紗。我四下張望找尋荷風建築，看見幾棟老房子飽經風霜，巍巍顫顫地站在那裡，年久失修，有些幾乎僅僅剩下一面斑駁頹頃的外牆。看來，印尼人在尋求溫飽之餘，似乎還沒有多餘的氣力或概念來善待這歷史的遺跡，多可惜！

先去歷史博物館晃一晃。博物館本身就是一頁活生生的歷史，可惜一樣未經善加保養，館內陳設十分簡陋，把許多古蹟遺物以及老式傢俱隨意擺設，沒有明顯動線和明確解說。怎麼會這麼不用心經營一座博物館、這麼隨興的對待古蹟呢？剛從歐洲搬來的我們不時面面相覷，覺得不可思議，也覺得很有意思。

參觀民眾也很隨興，年輕學生在館裡吵鬧嬉笑，還有男子一邊參觀博物館一邊叼著香煙吞雲吐霧。我們積攢三年的歐洲博物館記憶在這一刻完全被推翻，被取代，成為另一枚完全不同的文化印記，輕輕地落在心底。

我們在樓下找到紀念品店，透過上鎖的門窗往裡瞧，裡頭居然很有我們古早味柑仔店的況味。末了，丈夫站在窗樓遠眺，憂國憂民的嘆口氣，他認為印尼有一門行業方興未艾，那就是博物館從業人員。因為像這樣國家級的博物館，它的進步的空間實在太大了，前景看好，勢必大有可為。

這博物館有些令人意外，那麼，去喝咖啡吧！傳說中的Batavia咖啡館在幾步之

舊城區的歷史博物館

沿街叫賣的小販

Sunda Kelapa的椰風帆船

遙，聽說老外們特別鍾愛這家餐廳，因為有道地的歐洲陳設和可口的西式餐點，我們也是老外（還是剛剛從荷蘭厝邊來的台灣老外），也想去湊湊熱鬧。

一腳跨進餐廳，霎時之間從東方來到西方，我們似乎回到了幾個月前歐洲某個小鎮的某個老式咖啡館，和許多金髮碧眼的老外隔鄰而坐，在膝上鋪上一方白巾，等待一杯香醇的咖啡。

可是我們飢腸轆轆，沒有誰要喝咖啡，也沒有誰想優雅的舉刀用叉，吃頓費事的西餐。我們點了油亮油亮的廣東炒飯，滑溜滑溜的海鮮粥和好吃好吃的港式飲茶。媽咪還大口喝啤酒（正值回教齋戒月，為了避嫌，他們有創意的把啤酒裝在茶壺裡），一直到酒足飯飽，都沒有誰想過是不是應該來一杯歐洲的香濃咖啡。

我想，歐洲的日子離我們，的確越來越遙遠了。

吃飽，意猶未盡，我們去附近海港邊的Sunda Kelapa餐廳，坐在戶外涼亭，吹吹海風，看小船在海浪上輕輕擺盪，聽椰子樹在風間輕輕哼唱，讓簷上風鈴叮叮噹噹敲在心坎。這眼下，有些日子遠了有些日子近了，有些記憶模糊了有些記憶才要開始，我坐在這裡，突然覺得這一切，恍如一夢。

這時候終於有人想起那杯未喝的咖啡了。

「老闆，來一杯咖啡，要『冰』的喔！」

呀！看吧，沒錯吧，就是這樣吧，就算在充滿歐風的舊城區，那杯在歐洲寒風中白煙嬝嬝香氣騰騰的熱咖啡，終究還是留在昨日深深的深深的記憶底了。

印尼簡史（四之一）

古王朝時期

在西元二世紀至七世紀之間，印尼各地區陸續發展出規模不一的古王國，其王國經濟市場大致可區分為兩種：其一以農業生產乃至外銷者，其二為海上貿易者。前者主要集中於大多數的爪哇國家，以種植稻米與生產香料、檀香木為主；後者主要集中在蘇門達臘，代表的有成立於西元五世紀、位於蘇門達臘的「室利佛逝」（SriVijaya）。

「室利佛逝」因為地利優勢，在七世紀時成為印尼第一個海上貿易帝國，十世紀時勢力達至頂峰，擁有十五個屬國，成為馬來世界的貿易集散地，除累積大量財富，也從印度輸入佛教、帝國等思想。「室利佛逝」在當時集合了眾多的佛教徒，成為佛教研究中心，建設寺院也是其附屬國宣示忠貞的方式。國名「Sriwijaya」即是梵文，「Sri」是偉大的敬稱，「Vijaya」意味著勝利。

從十一世紀開始，「室利佛逝」開始接受到眾多的覬覦與挑戰，先後遭受到爪哇及南印度國家的攻擊，且因海上主導權不敵中國宋朝商船的競爭，勢力逐漸下滑。十五世紀，「馬六甲王國」的興起，成為馬來世界的新港口王國，直接威脅了「室利佛逝」在東南亞的主導地位。

而在十世紀之前，爪哇帝國代表的有賽連得拉王朝、馬塔蘭王朝等，十三世紀在東爪哇興起的海陸大帝國「滿者伯夷」，帝國領域曾遍及馬來半島南部、婆羅洲、蘇門答臘和峇里島，甚至擴張到泰國南部、菲律賓等地。

十三世紀末，伊斯蘭教透過過印度商人傳入印尼的，這些商人帶來為數可觀的經濟利益以及較高的文化水平，吸引印尼當地的統治者成為伊斯蘭教徒，加上有些印度伊斯蘭教徒在蘇門答臘與當地貴族通婚，伊斯蘭教因為貴族與王室的支持，開始迅速傳播至印尼各地，成為印尼主要宗教信仰。

殖民統治時期

一五一一年，葡萄牙人率軍佔領馬六甲，開啟印尼被西方列強殖民統治的序幕。葡萄牙企圖取得印尼亞洲貿易中心的地位，以取得商業與香料等經濟利益，隨後荷蘭及英國商人也到抵達印尼，於一六〇二年成立「荷蘭東印度公司」，成為荷蘭位於印尼的主要勢力。

十八世紀始，即便英國勢力虎視眈眈、爪哇國頻頻發動游擊戰爭，荷蘭仍長時間取得印尼絕大部分殖民地區的統治權，並陸續入侵爪哇、婆羅洲、蘇門答臘、峇里島，以剝削土著農業、礦業等換取經濟利益。二十世紀初期，荷蘭在印尼勢力達到頂峰，其統治範圍擴張成為今日印度尼西亞的版圖。

一九四二年，二次大戰期間日本佔領了印尼，印尼結束荷蘭殖民統治，也開啟了日本人短暫的殖民統治；一九四五年八月十五日，日本宣布投降，隔兩天蘇卡諾在雅加達宣布印尼獨立，戰後荷蘭人又重新佔領印尼，直至一九四九年才完全退出，結束印尼長達四百餘年的殖民統治。

3 讓我開車好不好？

怎麼會笑成這樣一張孩子的臉？

因為她已經四個月沒有坐在這個位子。她已經四個月沒有像這樣雙手握著方向盤。她已經四個月沒有像這樣從照後鏡看見自己專注的眼。

她已經四個月沒有開過車了。

十幾年的私家司機生涯之後，她竟然來到一個不能自己開車的地方。大家都說交通太糟糕她一定吃不消，路況太複雜絕對不是ＧＰＳ就能夠代勞，最重要的是如果路上碰上什麼意外狀況，一群印尼人團團圍上來，她一張外國面孔，話說不通理講不清，該怎麼去解決去脫困去避開被敲竹槓的陷阱？每一樣，都不是她所能夠想像。

一到雅加達，丈夫順應民情請了司機，頂替了她多年來的位置，接手她長久下來的工作。車裡，她的位置換到了後排左邊靠窗的地方，從那個角度，她清楚看見窗外以前總是錯過的街上風景，她也清楚看見司機是怎樣的排檔換檔加油剎車，把她舊時車上的駕駛光陰一起通通換掉。

十幾年來，她終於可以不用開車停車開車停車一天多趟來回像顆永備電池迢迢不休。她由駕駛變成乘客，坐到舒服的後座，在長長的車程裡瞇一下覺發一下呆，無所事事變成一顆南瓜。她終於，終於可以長空大喊：我自由啦！我不再是一個全年無休的家用司機！

沒料到的是，自由的時光來沒多久，她竟然悲哀的發現，真實的事實是，她從此失去了她的自由！

她想念可以自己開車的美好時光，她想念想去哪裡就去哪裡的自由飛翔，她想念她親愛的小馬可以帶她去任何她想去的地方。

過往的時光常常忽遠乎近，成為一個定格突然閃過她的腦海。在洛杉磯，那日正午她開著她的銀藍Camry往聖瑪莉諾的杭亭頓大道上奔馳前進，加州陽光追著滿街大樹，穿過濃密綠葉落在她的擋風玻璃，亮得教她打不開眼睛；在台北，那天清晨她送完小孩突然想吃萬里亞尼克的蛋糕，於是一個人開著銀色Nissan從北投出發，經過淡水經過三芝經過金山，一個轉彎，突然看見一片大海就在前方；在布魯塞爾，那個大寒的冬天她開著她的香檳Corola穿過布魯塞爾的歐盟隧道，一出來一陣大雪突然漫天落下來。那些記憶，像陽光，像大海，像白雪，在她多變的生命地圖裡閃了一下，然後從此說再見這輩子再也不會重來一遍。

她想念開車，連作夢都在開車。有一天醒來，她下定決心，她跟丈夫堅定的說：Please，我想念開車，我要自己開車。

星期天，司機休假日，車子乖乖的停在地下室。捧著鑰匙，他們一家大小浩浩蕩蕩走向車子，駕齡十幾年的媽咪說要在馬路如虎口的雅加達「練習」開車，他們沒有誰放心，只好懷著壯士的心情誠惶誠恐陪在身邊。

丈夫把車開出來繞了小小一個圈，發現預計要去練車的體育公園雖然近在咫尺，可是障礙重重，根本開不過去。他在社區大門把車讓給了她，跟她說就在這邊繞一圈喔，意思是，這位大嬸，乖一點，過過癮就好別想太多。

她坐上熟悉又陌生的駕駛座，和過去三年一直坐在小車窗邊的亞爾薩斯小鸛鳥打聲久違的招呼，然後她開口問：「請問，哪一邊是油門哪一邊是煞車？我該先排檔還是先放手煞車？」

久別重逢，她手裡緊握方向盤幾乎忘了該怎麼掌舵。從地球的北邊飛到地球的中間，駕駛座悄悄的從左邊移到了右邊，而雨刷和燈桿沒有通知就互相換了位。她手忙腳亂手忙腳亂，幾度大晴天裡教雨刷在眼前漫天亂飛，找到燈桿了想轉左邊卻又偏偏打了右邊。她還常常忘記她應該把車開在左側方向，三番兩次在全家的驚恐尖叫中趕緊把車頭轉回來，還不忘記安慰乘客：「別怕別怕，我又不是沒有開過車！」

大家還是很害怕。除了女兒負責照相沒空多想，丈夫單手緊抓窗緣，連安全帶都忘了扣上，準備隨時棄車逃逸，兒子不說話可是一直在絞手。只有她，一下子放聲大叫，一下子咯咯大笑。她開車了終於開車了，她才不管車上其他三人眼神驚駭的看著她覺得她根本就瘋了。車子花痴亂顫走了小小一圈，回到了社區門口，全車乘客驚甫未定，異口同聲的說：「好了，停了停了，我們要下車了。」

她沒停，踩了油門風一般自由滑過大門，在眾人還沒來得及反應的時候，她已經開出大馬路，頭也不回向前奔去。

「啊！」車上慘叫連連，口齒不清的問她：「妳妳妳……妳要去哪裡？」

沒人知道她的陰謀，她每天坐在車上一天一天精心算計她的第一趟航行，路線老早牢記在心，車程不遠不近，停車沒有問題，星期天車流較少交通略好風險最小，箭在弦上了她終於可以大聲宣佈：「我們去SOGO！」

「SOGO？」眾人聞聲險要昏倒，這才知道上了賊船！

陌生的道路不熟悉的新車，她哪裡會一點也不害怕？她雙手緊抓方向盤，謹慎的踩每一次油門，抓每一次煞車，她開得不快，可是她的心正在快速飛翔。她是小鳥一般的姿態、空氣一般的輕快，終於再一次，她是這樣的自由自在。

十分鐘以後她順利開到SOGO廣場，停妥車跨出車來，她覺得雙腳輕飄飄好像還在雲端。她往前走一步，回頭望一眼，她要好好記住這個瞬間記得這種感覺，因為她知道，等一下回程飽受驚嚇的他們是怎樣都不會讓她坐回駕駛座了。下一回開車，會是什麼時候？

她飛過了。她微笑，她願意耐心等待。

印尼簡史（四之二）

民族主義運動時期

十九世紀，印尼各地區紛紛掀起反抗殖民者的運動，如一八二〇年代西蘇門達臘的起義與爪哇戰爭。到了二十世紀初期，因飽受膚色歧視、荷蘭人與華僑掌握經濟、生活困境等因素，一九一二年由有「正義親王」之稱的卓克洛米諾托（Umar Sayed Tjokroaminoto）所領導的「伊斯蘭協會」（Islamic Association）成立，旨在凝聚伊斯蘭宗教情感並悍衛印尼人的經濟自主權，該協會短時間內迅速累積至將近兩百萬會員。其中，蘇卡諾（Sukarno）也是會員之一，他並娶了卓克洛米諾托的女兒為妻。

「伊斯蘭協會」因採取漸進式改革的宗教立場，改善現狀有限，黨內部分成員於一九二〇年另行成立「印尼共產黨」，企圖以激進手段推翻荷蘭的殖民統治，六年內聲勢逐漸壯大，成功策動多起示威活動，但因未能成功凝聚農民共識，遭荷蘭政府消滅，上萬名黨員或被捕入獄、或流放海外。「伊斯蘭協會」在這段期間也遭受壓抑，蘇卡諾與其夥伴陸續成立「印尼國民黨」與「印尼黨」等革命組織，也都遭當局逮捕入獄。

一九四二年二次大戰期間，日本人侵入印尼，結束荷蘭殖民時期。日本當局為了掌握統治權，拉攏國族主義及伊斯蘭力量，釋放了蘇卡諾及相關領導人物，利用他們協助日本進行宣傳活動與統治行為，蘇卡諾等人也藉此機會暗中集結勢力，籌組「獨立籌備委員會」，期能推動印尼獨立運動。在日本人投降前夕，蘇卡諾提出「班察西拉」（Pancasila）的五項原則作為印尼建國基礎：「一、信仰獨一真神；二、全國統一；三、人道主義；四、人民主權；五、社會正義與繁榮。」隨後於一九四五年八月十七日，於雅加達宣佈印尼獨立。

然而，荷蘭不承認印尼的獨立，戰後又以各大小戰役陸續接管印尼各島嶼，印尼為了獨立而開戰，並取得亞洲國家的諸多支持（如來自台灣的陳智雄，以荷籍夫人為掩護，暗中提供日本在二戰期間遺留下來的大批武器，援助印尼的獨立革命軍），在經過多次戰役與國際調停，一九四九年十二月二十七日荷蘭終將主權移交給蘇卡諾政權，印尼終成為一個獨立國家。

4

害怕

雨季來了。

早上七點半我從家裡走出來，穿過兩棟大樓，來到健身房上課。一如平常，陽光大好，空氣躁暖，高溫的一天又要開始。

上完課走出健身房，一陣泥土濕熱的氣味從門外遠遠襲來，我邊走邊想，哪一位園丁這麼勤勞，澆花澆草把空氣澆成剛剛醒好的一坨大麵團？

再往前走，不得了，怎麼外頭陰暗一片，什麼時候風雲變色，我才離開兩個小時，天空就下起滂沱大雨。

趕忙回到家，開門進去，開了燈，有一秒鐘我以為我闖錯了門。昏黃的燈光下四面的窗戶全部失了風景，變成白茫茫一片，除了極速落下的條條水痕，什麼都沒有。

原本窗景裡崢嶸的高樓不見了，平房的紅瓦不見了，馬路中間川流的車潮不見了，甚至連噪音都不見了。只有嘩嘩的雨聲和轟轟的雷聲，交織成一股奇怪的聲響，在耳邊嗡嗡作響。

這雨來得真突然，這雨降得真誇張。我從來沒有遇過這樣的雨，才一眨眼功夫就把世界糊成煙霧一片。詩詞裡向來都說煙雨濛濛，此時此刻，我才算真正領略箇中滋味。

這是我第一次領教到雨季的威力。印尼沒有分明的四季輪轉，只有乾濕兩季輪流交替，我從來沒遇過這樣的氣候，也從來沒想過濕季是怎樣不同。我一個人站在空蕩蕩的房子中央，被幾扇白茫茫霧濛濛的窗戶緊緊包圍，閃電來了又去，雷點忽遠忽近，我總算見識到了另一種截然不同的季節風情。

雨下得猛烈去得突然，沒多久，大雨漸歇，風勢漸緩，天空的輪廓慢慢清晰回來，我的窗台景物也一件一件從雨霧裡冒出來，從窗戶看出去，憑空消失的繁華天空又熱鬧的歸了位。

像變魔術一樣，短短的一個時辰，從無到有又從有到無，我用很快的速度很大的驚奇，見識了在雅加達濕季遇上的第一場大雨。

接下來，漫長的雨季裡，像這樣突如其來的大雨一點都不稀奇。偏偏，可怕的雷雨總是降在我單獨在家的時刻。常常是下午三四點，本來猶原烈日當頭，怎麼一轉眼突然風雲變色景色全非。僅僅只是走過去喝杯水的時間，大片的烏雲不知從哪裡冒出來，迅速集結，打著四面八方攏上來，把藍天和日光全部逼到更遠的角落。天，一下子就暗了，黑夜跳過黃昏的肩趕早來到面前。

這時候，也總是有風。從窗口探出去，可以聽到樹叢裡沙沙的風聲，一陣一陣，夾雜著大雨欲來的詭異氣氛。你才開始覺得這天暗得真離譜這風吹得有些悽苦，那雨，就在下一秒鐘追殺而來，唰唰唰，用你無法置信的速度把眼見可及的景物一一反白，幾至消失。

接下來是閃電，然後是雷。

尤其是那雷響，直接而原始。聽來恐怖極了，像是一把巨斧當空劈下，你幾乎以為天空就此應聲而裂。也像是突如其來的大爆炸，你害怕下一秒鐘哪裡就要烽火連天。這時候的我，就算明明只有一個人在家，我還是會明知不可為而為的摀住胸口失聲驚叫，好像身邊有誰會立刻回應。

當然沒有誰。孩子們在學校，丈夫還在上班，他們都在人群裡，想必對那大雨狂雷不會有什麼特別的感覺。

那天又來一場大雷雨，風狂雨驟雷電不停，才一會兒光景，白天瞬間變為黑夜。我站在空蕩蕩的房子中間，也站在轟隆隆的雷點之間，兀自想著，世界末日的景像是不是也像這樣所去不遠？

電話突然響了，是丈夫。他在雷電的間隙裡模糊說了些沒有緩急輕重的閒事雜務。聽得出來話非真心，言不由衷。他這電話究竟所為何來？在即將掛上電話之前，他終於說：

「妳會怕嗎？」

「會呀！」我誠實以對。

「我就知道妳會怕！」他得意的這樣說。

這話說來好笑了，我素以傻膽聞名天下，怎麼會這樣輕易說怕就怕？可這事真的一點都不假，印尼恐怖的雷雨還真是讓我這名隻身的守門人膽戰心驚。

小孩大了，媽媽膽子小了。

我特別記得一個片刻，那是十幾年前在加州某個大雨裡的安靜午寐。那時候兒子才剛滿月，奶香奶香的躺在我臂窩下沉沉酣睡。女兒還不到四歲，她依在我的另一隻臂膀裡嬌憨嬌憨睡得正香甜。窗外雨聲綿綿，青草的香氣混合著土壤的溼氣悄悄的緣著窗台漫進屋來。我和一雙兒女相偎相依擠在一張溫暖的小床裡，我醒著眼，緊緊夾著我的雙臂，就像母雞護小雞，管他外頭怎樣風怎樣雨和我們都沒干係。我看著我的孩子們，在心裡說：「不用怕，媽媽在這裡！」

當孩子還在妳的翅膀底下，做媽的無論天打雷劈都不怕，管他上刀山下油鍋，妳永遠是跑最快的擋在最前的那一個。

現在孩子大了，他們不會在風雲變色大雷劈空的時候驚聲尖叫撲到我的懷抱，我也不用再像個俠女一個箭步衝上去抱住他們，豪氣干雲的說：「不怕，有我在！」他們頂多轉過頭看著驚聲尖叫的我，啼笑皆非狀似昏倒的說：「拜託，有這麼恐怖嗎？」

這世界正往著顛倒的方向走，孩子大了，他們不怕了，可是媽媽卻怕了。

不打緊，這本來就是人生自然的道理，沒什麼了不起。還好的是，當年那個年輕小夥子總算還記得當年那個年輕小女子。其實，她惡人嘸膽，她是真害怕。

所以，在大雷雨的這個午後，歐吉桑給歐巴桑打了一通電話，跟她說：

「有我在，妳別害怕！」

乾濕分明的赤道氣候

印尼地處赤道兩側，屬典型熱帶乾濕季氣候，終年炎熱。四月至十月受澳大利亞大陸性氣流影響，由南熱氣團帶來的西南季風，從西南吹向東北降雨量少，為氣候燥熱之乾季；十月至三月受亞洲及太平洋氣流影響，吹東北季風，降雨量豐沛，多為午後雷陣雨，幾乎天天都會下一場大雨，為氣候涼爽之雨季。

這兩波季風對印尼與東南亞地區的古時航海貿易有著極大的影響，季風帶來著海上船隻，使印尼在古王朝時期便成為海上商業王國，同時也促進宗教的傳播及各種文化的交流，所以該季風又被稱為「貿易風」（trade wind）。

5 這是什麼鳥？

那天和幾個鄰居聚在一起喝茶，時間是昏然欲眠的午後時光，地點是住戶大樓的十八樓，倚窗而坐，居高臨下，風景很不錯。

突然我們聽到外頭傳來一陣吵雜的聲響，悶悶的，彷彿有什麼東西正要從天而降。一夥人探頭出去，喔，是一架低空盤旋的直昇機正準備降落在隔壁飯店二十幾樓的頂樓平台。

直升機停妥之後，螺旋槳漸漸放慢了速度，接下來有幾個人冒了出來，在機身旁忙進忙出，我們還認出來其中穿著橘色制服的是隔壁飯店的服務生。

飯店的住客出了什麼事了嗎？這是醫療專機嗎？有人生病了嗎？要送去哪裡呢？一群女人家七嘴八舌的這樣討論著。

後來午茶時間結束，我們散會各自回家，把那架直升機的真正用途留在飯店頂樓，沒有誰認真去找出謎底。

我回家等孩子放學，在二十四樓的窗台又聽見了外頭轟隆轟隆的聲音，一看，咦？怎麼又是一架直升機？

走到陽台看得更清楚了，我看見有人依序上機，接著直升機加快速度嗡嗡起飛，旁邊機身底下的一位男士走避不及，帽子被狂風吹落，從高樓飄飄的往下墜落。眼見直升機就要離地，那人也不管帽子了，迅速彎身，躲到平台的樓梯上，免得連帽帶人都被強風捲走。

正看得有趣呢，從擁擠漫長車陣中突圍而出的孩子們終於回家了，我趕緊喚他們一起來看，三個人就這樣你高我低趴在窗台，伸長脖子，看看外面那架直升機和那些人究竟在搞什麼飛機。

剛飛走的直升機很快又飛回頂樓了，停下來之後，幾個胸前別著白色名牌，穿著彩色傳統襯衫batik，看起來頗有來頭的男士們陸續登機。轟隆轟隆直升機又起飛了，拉起，升高，盤旋，像一隻鳥穿過兩棟大樓的中間，一下子就把底下馬路上動也不動的冗長車陣甩在身後，越飛越高越飛越遠，在盡頭處繞個圈，消失了蹤影。

我們這才恍然大悟，這哪是什麼醫療專機，這根本就是載客直升機。

「哇！」三個土包子異口同聲發出由衷的嘆息，真酷，這下可真開了眼界。當我們每天為了寸步難行的交通搥胸頓足、咬牙切齒的時候，雅加達有一些人是以直升機做為交通工具，原來在雅加達有些「路」是永遠不會塞車的！

我的天，這架超炫的天空計程車該算是什麼「鳥」呀？我問孩子們。

為什麼這樣問？那是有原因的。雅加達最普為人知並廣為搭乘的計程車是鼎鼎大名的藍鳥BLUE BIRD，價錢合理，車況不錯；再高一級是黑色的雙B計程車SILVER BIRD，車身豪華氣派，但起跳稍貴，而且跳錶的間距也比較密集。另外我們曾經在一天來回的市外旅程中坐過BIG BIRD的中型遊覽車，至於較為罕見的頂級豪華大巴士GOLDEN BIRD，我在路上見過，我以為那是我目前唯一尚未搭乘的鳥系列頂級車款。

才不是。真正至高等級而且還名副其實的BIRD原來在這裡——一架暢行無阻的空中直升機。所以我忍不住想問，按照排行，這該算是什麼鳥呀？BLUE BIRD藍鳥，SILVER BIRD銀鳥，BIG BIRD大鳥，GOLDEN BIRD金鳥……接下來，該是「DIAMOND BIRD」囉？

沒錯，那是一隻頂級名貴的大鑽鳥吧！

無論它合該是隻什麼鳥，我比較好奇的是，這架永遠不會塞車的空中計程車，它的起跳會是多少錢？

雅加達的壅塞交通

雅加達市區交通混亂、塞車嚴重的情形，始於一九九〇年。因雅加達經濟快速成長，人口高度密集，又缺乏大眾交通系統，短短十年間，汽機車總量從三百餘萬輛暴增到一千一百萬餘輛，其中機車約為八百三十萬輛，汽車約為三百二十萬輛，該數字正逐日快速增加中。加上雅加達公路全長七千六百五十公里，全寬約四十公里，僅占首都面積的百分之零點二六，每年擴建公路的成長率也只有百分之零點零一，機動車數量的增幅遠遠大於道路建設的速度，使雅加達的堵車問題日益嚴重。

為避免耗費太多心力在塞車與停車，一般有車階級的家庭與商務人士多半委任專任司機擔任駕駛的工作，雅加達街上的汽車駕駛有超過百分之七十為專職司機而非車主。印尼大學研究指出，雅加達的交通壅塞造成每年高達三十億美元的經濟損失，間接影響了外資前往印尼的投資意願。

也因此，騎駛便捷的機車成為雅加達街頭上處處可見的交通工具，二十一世紀印尼成為全球第三大機車市場（僅次於中國大陸與印度），其銷售量每年至少有百分之十二的成長率，有將近兩百萬名勞工投身於機車工業，成為印尼具代表性的產業之一。

而業者為因應此交通亂象，便大量生產出「Bajaj」與「Bemo」兩種替代的載客工具，此為印尼從在幾十年的交通工具，兩者皆為電動的三輪小車，座位有搭棚，可避雨但無冷氣，前者至多可承載三名乘客，後者略大、可承載約五至六名乘客，它們擁有機車穿梭在大街小巷的便捷性，可大幅減低乘客因交通壅塞而面臨的遲到問題，但也更深化了雅加達噪音與空氣污染。

6 貧窮

走天橋的時候，經過一個乞婦的面前，我向前走了幾步，終究忍不住停下腳步。兩個小孩跟在我身後好像早就等著我躊躇的這一刻到來，我都還沒來得及開口說話，兒子已經把手伸進褲帶掏出一大把零錢，看著我，女兒不等我的反應，推了推弟弟，只見他迅速的把錢放到乞婦面前，又迅速離開。

那是一個衣衫襤褸疲憊不堪，背靠著欄杆仰著頭沉沉睡去的母親，她的小嬰孩就這麼隨意的放在腳邊，在襁褓裡睡得香甜，她的長睫毛下是一朵天使一般純淨的笑容。

我真的不忍心。

前些年住在歐洲的時候，路上常常遇到各式各樣的乞者，我通常只是輕步經過，少有駐足給錢的時候。他們之中有一些是好手好腳穿著整潔的年輕人，倚著一隻大狗，悠哉的靠著牆邊，安靜的讀著書，優雅的等待路人放下幾枚零花錢。這樣的人我不給。還有一些壯漢，滿身酒氣也一身穢氣的佔據街道轉角，醉茫茫的乞討下一瓶酒錢，我也不給。還有年輕人滿頭打結的亂髮，乾脆雙腳一屈跪在路邊，直接了當的搏取同情，我還是不給。更不給不給不給的是那些帶著已經懂事的孩子跪在路邊伸手乞憐的吉普賽婦人，每次那孩子睜著亮晶晶的美麗眼睛望著我，我就無法不生氣──你大人願意選擇這種方式過活也就罷了，憑什麼你可以為孩子決定他人生學到的第一課，就是跟著大人向世界仆倒臣服呢？

一樣都是乞討的可憐人，可是在這裡我的感受不一樣。雅加達這個大城市雖然仗著繁華先進的高樓華廈，向不明究裡的世人誇飾著它百花齊放頭角崢嶸的富裕，可是它的另一面，是貧窮，是真實而無所不在的貧窮。

真實而無所不在。就像眼前的這名乞婦，她連用乞求的眼神看著你都沒有，你輕易看到了她生活裡赤裸裸的貧窮，你沒有辦法不覺得難受。

那天司機載著我們到Ancol的體育館打羽毛球。一個轉彎走岔了路，樓房不見了，大馬路消失了，沿著破落的河堤往下走，我們忽然之間掉進一個綿長的貧戶區域。河岸邊的木屋破敗污穢，一間擠著一間幾乎沒有空隙，屋前草地上散落著小山一樣的垃圾堆，有些還熊熊冒著白煙。天色陰陰，雨意惶惶，孩子們在垃圾山間追逐嬉戲，竹竿上曬著的衣服紅黃藍綠，在白煙上飄來飄去，還有幾隻瘦不拉嘰的羊咩咩，在孩子和垃圾的周圍低頭吃草，而那一旁的河溝上面漫著烏黑的髒水，就怕在下一個陣雨裡嘩啦嘩啦整個潰堤。

我們隔著玻璃往外看，像是一齣無聲電影，播放在雅加達背著陽光兀自存在的那一面。身為外國人，我們總是帶點距離看著我們不甚熟悉的雅加達，或即或離的看著這些窮困的環境，這些窮困的子民，這個窮困的另一個世界。

透過車窗，我們看見無法遮掩的貧窮，可我們也看見這些赤道下的人民頂著烈日或豪雨，以不同的方式求取生存，奮力賺取明天的一絲希望。

在這裡有許多掙錢的方法，讓我們這些外來者感到不可思議、匪夷所思。就像每天在三人同車才能上路的道路高承載時段，你可以在那些限定的路口之前，看到一整排男女老少突然出現在路邊，每個人都高舉著右手對著來車比出「1」的手勢，有些年輕媽媽背著寶寶也在隊伍裡，只是她比出的手勢是「2」。這奇怪的隊伍藏著什麼玄機呢？他們正在等待坐不滿三人的車輛在身邊停下來，讓他們上車充當乘客。「1」的意思是一人也是一萬（約美金一塊錢），「2」當然就是包括媽媽和baby 兩人，要價兩萬。開車載人還要付錢，真讓人大開眼界。另外在繁忙的路口或狹窄的巷弄轉彎處，也常有男子自動自發當街指揮交通，別以為他們是交警或義消，因為過了那彎你得奉上幾千塊的過路費。至於停車場也是他們賺錢的好所在，他們好心好意幫你指揮停車的位置，幫你盯著倒車的速度，下車時可別忘了他們等著你把小費塞到手上。以前更沒想過的是，太太們上傳統市場買菜，身邊會有「市場男孩」等著接手，幫妳把沉甸甸的塑膠袋提到車上，這當然要給錢。先生們中午休息時間出去吃個飯，若天空突然落起大雨，別慌，馬路邊已經有好多「雨傘男孩」打好傘等著護送你過街，這當然，也要給錢。

雖然有些時候難免覺得有些錢給得有些迷惑，可是大部分的時間，我尊敬這些貧窮的人們是如此奇巧努力的掙取微薄的幾塊錢。他們就像是從堅硬的泥塊間奮力探出頭去的一株小草，向天討一點希望，向大地要一塊去處。

那天我們和好友一起出遊，高速公路半途被湧向動物園的車潮給完全凍結，長長長長長到沒有盡頭的車陣綿延幾公里，龜速一般的緩慢爬行。光天化日之下高速公路變成一座超大停車場，同時，也變成一個臨時的流動市集。

一塞車，所有的小販不知道從哪裡同時湧了出來。別懷疑，那是高速公路，也別懷疑，他們行走其上暢行無阻，而且還光明正大，做生意。

小販們穿梭車陣，叫賣的商品五花八門。賣水賣飲料，賣水果賣炸豆腐，有些更堂而皇之在路肩煮起花生，在圍欄邊掛上一串一串香蕉，有人背吉他沿路賣唱，有小小孩穿梭車陣對著車頭舉起一串香蕉，還有人連玩具都拿上來賣。當然，乞者也來了，身體殘缺的他們乾脆坐在兩個線道中間，險象環生的在車輪邊緣乞討一點過路人的施捨。

對這樣的貧窮，對這樣貧窮底下破土而出的求生方式，感到陌生與驚訝嗎？

我跟你們一樣感到無比震撼！那是我在印尼這塊土地上看到的、感觸到的、學習到的，人生另一頁。

塞車時，高速公路上出現的流動市集。

印尼簡史（四之三）

蘇卡諾時期

一九四九年十二月，荷蘭正式移交統治權，印尼宣告獨立，由蘇卡諾（Sukarno）就任總統。蘇卡諾認為唯有統一方能締造最終的勝利，開始成立國會、頒佈臨時憲法，於一九五〇年八月通過《印尼聯邦共和國憲法》，擬採政黨政治、實行議會民主制政府，然而沒有一個政黨有力量支配全局，十餘年間更換了十一位總理，造成政治情勢的不穩定。

經過七年民主實驗，蘇卡諾感到要統治全國仍困難重重，於是以軍隊為後盾，在一九五七年提出「領導民主」（Guided Democracy），強調「民主」是由中央領導、而不是各自為政的，此舉將印尼帶入長達四十餘年的專制統治。

雖然印尼因「領導民主」政策而逐漸邁向一黨化國家，然而印尼共產黨擁有三百萬黨員，仍是世界上頗有勢力的共產黨，蘇卡諾總統一直爭取該黨的支持。印尼共產黨勢力日益擴大與激進，與以蘇哈托（Suharto）為首的軍方勢力逐漸交惡。時值蘇美冷戰時期，蘇卡諾總統又與中共及蘇聯保持有好關係，不與美國站在同一陣線，此時美國陷入越戰困境，便暗中與蘇哈托合作，形成反共陣線。

在經過一連串共產黨的激進行為、以及反共勢力的肅共行動，一九六五，蘇哈托終於成功發動政變，逼迫蘇卡諾辭職，推翻了親共親蘇的蘇卡諾政權，隨後蘇卡諾被軟禁，於一九七〇年過世。

蘇哈托時期

蘇哈托在推翻蘇卡諾政權後，於一九六五至一九六六年間展開整肅共產黨與少數派的大屠殺，據估計有超過一百萬人遇害，各地血紅滿佈，如峇里島便有十萬人左右死亡，而當時島上居民僅約兩百萬人。

一九六七年，蘇哈托正式成為印尼第二任總統，開始針對武裝部隊進行重組，力行中央集權，將幅遠遼闊的各縣各鄉納入官僚體系，此舉整合了印尼的行政結構，卻因無視各自民族在不同地域的獨特文化與宗教信仰，招來不少反彈的聲浪。在外交方面，印尼於一九七五年出兵攻打甫宣告獨立的東帝汶（Fretilin），造成六萬多人的死傷，蘇哈托因此招受國際社會的強烈譴責。

七〇年代，印尼因為石油的開採、液化天然氣的外銷，經濟快速成長，生活水平開始提昇，然而因印尼幾次嚴重的天災、資本主義快速擴張等因素，印尼社會的貧富差距日益嚴重，加上蘇哈托及其家族明目張膽、毫無節制的貪汙，印尼社會逐漸騷動不安，族群與宗教的衝突、工人抗爭事件不斷出現。

一九九七年始，由泰國蔓延的亞洲金融風暴席捲了印尼，印尼股市全面崩盤，外資紛紛棄守，美元對印尼盾的兌換率從一比兩千五，大幅掉落到一比一萬七千，廣大民眾陷入水身火熱的生活，蘇哈托為轉移注意力，甚至透過軍方策動多起排華運動。

蘇哈托政權無能處理種種困境，其貪婪更引發民怨，人民對蘇哈托的不滿到達最高點，一九九八年五月，各城市的學生紛紛走上街頭抗議，然而武裝部隊竟在雅加達開槍射殺四名示威的學生，此槍擊案激發民眾的高度憤怒，短短三天爆發有史以來最嚴重的全國性暴動，在民意的激烈訴求下，國會、軍方及政府幕僚不再與蘇哈托站在同一陣線，蘇哈托於五月二十一日黯然宣布辭呈，結束長達三十二年的強人統治，也遺留下印尼的政治動盪與貧窮問題。

7

夏日聖誕

離開比利時之前，我們把陪伴多年的聖誕樹送給朋友了。

它的體積太大，恐怕佔去太多貨櫃的空間，而且我們左想右想都不覺得以後在印尼會用上它。那是一個回教國家啊，而且天氣那麼熱，誰跟你過聖誕節？

十二月，氣溫依舊是恆常的三十幾度，每天穿著短袖吹冷氣，絲毫沒有冬天的氣息。孩子們下課回家，等不及咚一聲跳進游泳池，賴在水裡不起來。這樣熱的天，理應飄著白雪裹著冬衣的聖誕節，還是依約來了。

它來了，而且架式更大。前幾個星期開始，雅加達市區裡開始出現華麗的聖誕裝飾，走到哪裡到處都是聖誕樹，到處都是亮晶晶的燈飾，到處都是叮叮咚咚的聖誕歌曲。商店櫥窗裡陳置各種別出心裁的設計，全部圍繞著聖誕節的主題。沒騙你，這裡的聖誕氣氛比起比利時還要濃郁還要熱烈，當年我們住在歐洲時，我甚至沒見過這麼多樣、繽紛、有創意的聖誕樹！

五彩變幻、姿態各異的聖誕樹不是最令人驚艷的一部分，那些商場裡的中庭設計更是教人瞠目結舌。有一天我一個人在裡面閒晃，走啊走，猛然撞見一個不可思議的景象。往常空曠的中庭不見了，取而代之，是活生生一座農家莊園。遠遠一看，有幾畝繁密垂穗的真實水稻，阡陌縱橫。走近一看，有一池小水塘、一座涼亭、一群翩翩而飛的蝴蝶、一隊引頸趕路的鴨子，還有幾個頭戴斗笠、手提鋤頭、揮棍趕鴨甚至還騎著腳踏車的聖誕老公公！

我心裡哈哈大笑，太好玩了，我從來沒見過這麼另類的聖誕佈置。傳統的白色聖誕在這裡完全被顛覆了，覆雪的小木屋不見了，雪橇、麋鹿、松果還有胖嘟嘟hohoho的聖誕老公公全都不見了，冬天的白色聖誕在這裡徹底迷了路，取而替之的是一個夏日炎炎、熱氣騰騰的綠色聖誕。

我一個人看得傻了，駐足良久。走不開的不只我一人，在我身邊還有一排長龍，正等著坐進人力車和聖誕老人合照。活生生的聖誕老人也不只一個，層層稻浪裡有幾個瘦不拉嘰的聖誕年輕人正在忙進忙出，忽隱忽現。眼前景象稀奇極了，這樣有趣的時刻，我真恨身邊沒有人可一同分享。

我想起無辜被我們留在寒國的聖誕樹，噗嗤一聲笑出來。這世界真怪，這世界真大，這世界有那麼多我們意想不到的面向，等著我們去親自驗證才有答案。

前所未見的夏日聖誕，我頂著三十二度的烈陽，帶著一抹只有我自己才理解的微笑，在心中，跟遠方寒冬中的朋友們，暖暖地說聲：「聖誕快樂！」

印尼重要節日

齋戒月

回教曆法的九月為伊斯蘭教徒的齋戒月，為印尼穆斯林最重要的節日，大約會是在秋冬之交。該月份穆斯林者從日出至日落，不能吞嚥、喝水，嚴禁菸酒、房事，也不可發怒、口出諱言。晚餐則邀親戚好友共享齋飯，飽足後以面對隔天的把齋。

齋月結束後，會有幾天的「開齋日」，則會舉辦慶典大肆狂歡一番，隨後迎接印尼穆斯林的「新年」，類似中國農曆年習俗，採買年貨、回家團圓、穿新衣到親朋好友家拜年。

從齋戒月、開齋日到新年，其意義在於藉由齋戒體驗匱乏，養成控制慾望之心，並在齋戒中誠心悔改，在新的一年除舊佈新，重新出發、開始另一段嶄新人生。

宰牲節

回曆的十二月十號為宰牲節，又稱忠孝節，有「獻祭、獻牲」的莊嚴意涵。在回教的歷史裡，聖人伊布拉欣獲得旨意，需兒子獻祭給真主，兒子伊布邁義聽聞慷慨應允，在臨死前，真主以綿羊 替代伊布邁義的死亡，父子倆的忠貞服從皆通過考驗，獲得救贖。

為紀念這段事蹟，經濟能力不錯的穆斯林在此節日都會宰殺一頭羊，或者七人合宰一頭牛或駱駝，作為犧牲的祭品，象徵對真主的忠誠與敬畏。祭典過後，穆斯林與所有親朋好友一同聚餐，並將羊肉分送給親友及窮人。

佛誕節

印尼唯一大型的佛教年度慶典。一九八三年印尼政府定農曆四月十五日為「佛誕節」（又稱「衛塞節」），以此慶祝且追思佛陀的誕辰、成道與涅盤。

華人農曆春節

印尼獨立後，政府採「排華政策」，一九六七年始政府禁止華人公開慶祝農曆新年，後因華人意識逐漸抬頭，該禁令於二〇〇〇年解除。二〇〇二年，印尼政府正式將農曆新年定為官方節日。

8

我的印語新世界

該說是幸運嗎？我又來到一個非英語系的新國度，又一次一頭栽進一個全然陌生的語言環境，再度面臨說不出、聽不懂、溝通不了的生活新挑戰。

幾年前剛搬到比利時的那個冬天，我曾經寫下一篇名為〈外星人〉的文章。事隔多年回頭再讀，文中那份因為語言不通而覺得完全被隔絕被孤立的落寞，還是清晰如昨。那是我平生第一次接觸到那麼巨大的語言衝擊，也是第一次殘酷的認知到，語言是如何強勢主導了生活的深度和張度。一種嶄新陌生的新語言，如果你一手在握它便是打開新世界的鑰匙，如果和它相見不相識，很抱歉，那麼它反而是橫阻你與新天地來往的一堵巍巍高牆。

沒錯，對我來說那無異是直直截向高空的一面高牆。因為素昧平生的法文，我和週遭的人雖然站在同一塊土地上，卻分處世界的涇渭兩端，沒有交集。

尤其在人情靜默的布魯塞爾，人們並不會因為你不諳他們的語言而默許你有權力得到更多的幫助，他們也不習慣在你吞吞吐吐只能尷尬苦笑的時候給你額外的溫暖，他們通常會自動的離你遠一點，教人感到無比的孤單。

我的外星人生涯並沒有持續太久，因為無比的孤單最終促使我無比的振作。我花了很長很多的時間努力學法文，那段學習的道路雖然漫長而曲折，但是我確實一天一點的靠近了我曾經全然陌生的法文新世界。回頭想來，我必須承認，那是痛苦的耕耘但也是愉快的收割，那是從無到有的莫大歡樂，那是經歷過霜冬才看得見的春花遍野。

我最終沒有變成法文高手，但是我可以溝通可以理解，可以在人群當中泰然自若而無所畏懼。在我與陌生語言的第一次交鋒之後，我所贏得的最重要的珍寶，並不是基本的法文生存能力，而是面對新語言的一份自信和一份淡定。相信自己，一定可以！

和才套了點交情的法文世界道別之後，我帶著三年辛苦積攢下來的自信和淡定，來到印尼，再度和另一種全然陌生的新語言初次見面。又一次，我下飛機，又發現自己陷溺在一片說著陌生語言的茫茫人海。這次我既不緊張也不驚懼，拎著行囊，從容的撥游而過。獨立在人群裡，聽不來？說不出？看不懂？沒關係我一點都不在意。

我一點也不打算再寫一篇〈外星人part2〉，轉個彎我的心情不一樣了。站在這塊陌生的土地上，我光明正大就是一個全新的新鮮人，我當然不會說不會讀，我當然有權利獨享喧囂當中的一小片寧靜（注意喔，我稱它為寧靜而不再是孤單，雖然老實說，它們根本是一模一樣的東西）。而且幸運的是，不只我的心境改變了，週遭的人群也給了我完全不同的回應。在這裡，印尼人大多友善的接受我用微笑替代每一句說不出來的話語，至於他們想回答而我卻聽不懂的那個字那句話，也往往變成了另一朵白燦燦的笑容，友善的閃在他們深色面容上。

就算是這樣，我也不準備放棄學習另一種新語言與探看另一個新世界的大好機會。暑假期間，我們找來一位印尼文老師來家裡上課。小孩兒學得快極了，沒多久就可以把數字朗朗上口。而班上那位媽咪老同學，她總是吊車尾，總是喔喔喔張大嘴巴回答不出老師的問題。不過她不遲到不翹課不打瞌睡，越上越有勁，還打算要和印語課長相廝守。沒想到，我們那位才上過四堂課的老師大人在暑假結束之前傳來一則簡訊，說她要預支二十堂課四百萬盧比，折合四百多美金的學費（在雅加達這筆數目算來不小，是一個司機兩個多個月的薪水）。如果我們同意，她還可以給我們的鐘點費打點折扣。如果我們不接受，那她也可以理解……

我瞠目結舌看著那則簡訊，完全不能理解，為人師者竟然可以這樣名正言順的和學生借錢談交易。根據前輩們的經驗，這錢借也不是，不借也不是，最後我們的印尼語課程就這樣尷尬的嘎然而止。

沒課上了，只好帶著我僅有的一招半式照樣闖江湖。開學後，家裡上班的上班，上學的上學，我理所當然成為家中對外的唯一管道。曾經有一段時間，我每天最重要的工作是安坐家中等待，等待修冷氣的工人修電視的工人修衛星頻道的工人，等待用自己少少幾句印尼語和各方人士「討論」各項工程各種事項。照理說，這些差事應該會帶給我不小的壓力。以前在比利時，只要約了誰來家裡修理什麼東西，我就會一整天坐立難安。誰喜歡雞同鴨講？誰又喜歡對牛彈琴？又有誰喜歡話不投機半句多呢？可是在印尼，我不特別害怕這差事，因為語言不通這碼子事，在這塊陽光終年的赤道土地上，往往，它不會是一個問題。

怎麼會不是問題呢？技術人員們的英文通常極其有限，而我會的印尼語反來覆去就那幾句，怎麼溝通呢？想像一下我們的場景，我說英文，他回答印尼語，我點點頭再說英文，他也點點頭再回答印尼語，一來一往的語言全無交集。可是怪極了，我幾乎可以憑空跨越語言的差異，完全猜中對方的意思，曾經有幾度我甚至還以為我們正使用著相同的語言交談。有一回，工人來修電視，有些專業術語我實在不懂，只好央求一旁的清潔人員來幫忙。一陣嘰哩呱啦之後，清潔人員的英文眼見也不夠用了，他趕忙奔到樓下另尋奧援。等到過了十分鐘終於找來翻譯，我發現，多神奇啊，他翻出來的話和我自己揣想的意思，居然一模一樣。

我有點小得意，沒想到自己居然可以把語言的障礙放諸一旁，憑著心領神會就輕鬆達到了出神入化的境界。不過別傻了，這想當然爾只是我仗著自己的傻膽和對方的和善，偶然拗來的一點小機運罷了。回到家常的現實世界，印尼語，它實實在在猶原是杵在生活當中的一面硬牆。

印尼語，我的新語言，我的確不怕它，可是光有勇氣並不能讓我使用它。生活拉長了日子走開了，我很快走到了懸崖極限。每天我都要和我的司機比手畫腳雞同鴨講好幾遍。我說請你送我去五金行，結果一下車發現，他把我送來日本超市。我想也好也好，沒買成螺絲起子，進去買幾個日本便當也不錯；我說請你繞個路送我去某某飯店，結果他還是把我載回家。那也好吧，反正我也沒和誰約；我說請你下午出發去學校之前上樓來一趟，結果正中午他站在門口等了許久，叮咚叮咚一開門，他正滿臉疑惑，無辜的看著我……

這還只是司機而已，其它哩哩扣扣的也是烏龍不少。這樣下去不是辦法，有朋友說那去外頭語言學校上上課吧。出門上課？我探出頭去，看到綿延不絕的蜿蜒車陣，想像自己背著書包被卡在某一個環節，前進不能後退無門的狼狽模樣，我苦笑說：「謝謝再連絡。」

後來女兒想出一個超炫的辦法。印尼人熱愛用手機傳簡訊，那我們也來傳簡訊。她上網找到一個英印互翻的網站，每次要和人家說什麼事先key進一段英文，翻成印語，然後再把印語打進手機傳過去，等一下人家傳回來訊息了，再把印語訊息key進網站翻成英文，了解意思了，再寫一段英文翻成印語再打手機再傳過去……歐巴桑打字速度像烏龜，我說我沒辦法像妳那樣，我還是寧願把幾個關鍵字翻譯出來，再配合上足以讓人「心領神會」的肢體動作，面對面好好「溝通」，一樣可以出奇制勝。

只是那天，當我努力的用我的方法和司機交代隔天的代辦事項時，他一面跟我似懂非懂的拼命點頭，一面伸長脖子努力的望向屋裡。在我關門說再見之前，他終究還是拿出手機用力搖晃，然後對著屋裡向女兒大喊：「小姐小姐，傳簡訊喔！」

啊，歐巴桑還是敗給他們了。

是這樣的吧，面對一種全新的語言，不管是難是易，不管你愛它還是恨它，也不管你身邊的人給你的是鼓勵還是冷漠，你終歸必須從零開始虛心學習，向著它走長路，跟著它搏感情，你才有機會和它變成真正的朋友。我想，我還是浪子回頭乖乖請老師來家裡上課，本本分分的學好印尼語，那應該才是開啟新世界最直接的一把鑰匙吧！

後記

說個笑話。

那天我在芭蕾教室的小小餐廳等待女兒下課，旁桌的印尼媽媽們嘰哩咕嚕聊著天，我百般無聊的發呆、趕蚊子。嘈雜之間我忽然隱約聽懂了旁邊某個人說的話。太扯了，難道我對印尼語的敏感已經出神入化到這種程度嗎？

我忍不住循著聲音跑過去看，哎呦，原來一個印尼阿婆專心的在隔壁看電視，看的是什麼咧？正宗台灣版電視劇《娘家》。

哈哈哈，原來聽到的是台語啦！出神入化的語言敏感度？唉呦，真速給他想太兜！

印尼語言與文字

印尼以因幅員遼闊、島嶼遍佈，擁有三百餘種方言。由於爪哇族為最大族群，「爪哇語」（Javanese）為最廣泛使用的方言，也成為日常生活的主要用語。

「印尼語」（Bahasa Indonesia）為官方語言，為商場上的主要語言。在中世紀的室利佛逝王朝時期，馬來語即為官方語言，亦是馬來國家馬六甲等國普遍使用的商業語言。七世紀時，印尼以印度梵文（Sanskrit）拼寫馬來語，十八世紀英國人殖民統治時，改以羅馬文字拼寫馬來語，標準的馬來語用法即為印尼語。一九二八年民族運動時期，青年革命組織決定將印尼語定為正式的印尼國語。

除了印尼文，今日中爪哇地區亦使用「爪夷文」（Jawi），此緣起伊斯蘭教傳入印尼時，順道傳入阿拉伯文，以阿拉伯文字拼寫的印尼語即為爪夷文。除了印尼中爪哇地區，在新加坡、馬來西亞、汶萊等國，爪夷文仍被使用。

9

自家的禮物

暑假結束前，母子三人在返鄉回程的飛機上聊起台灣種種，天真的兒子突然冒出一句話：「媽媽，妳的爸爸真會泡茶！」

我聽了笑出聲來，沒想到在孩子的心裡對外公最深的印象居然是泡茶這件事。沒錯，爸爸的客廳裡總是茶香瀰漫。爸爸的工廠在大陸，鍾情工作的他常年不在家，可是只要他回來，客廳裡的他總是不停煮水，不停添茶葉，不停和不期而來推門而入的客人招呼：「來坐呀，來喝茶呀！」

小鎮上的訪客都是幾十年的親朋老友了，連事先打電話都不用，摩托車噗噗噗騎過來，連敲門也不用，一把推開門，坐下來，搶在說話之前，一杯熱茶已經到舌尖。

回去南部那兩天，我最喜歡坐在爸爸家客廳裡，分一杯茶聽一盞話看一個還叫著我小名阿妹仔的長輩臉上平添的風霜。茶香裊裊，我就要像一個未經世事的小女兒一般，賴在那個片刻，把過往以及未來天涯海角的孤軍奮戰全部當成大夢一場，管他呢暫且忘記吧。

爸爸家的客廳除了茶香，還有突然闖進來的菜香。兩天，就有兩回，茶香方酣，門又被一把推開，有鄰居拿來才採下剛煮好的玉米，有鄰居送來才摘下的皇帝豆，說的是一樣的話：「自己家的，給你們吃。」

「自己家的」，這句話聽起來一點都不陌生。在我的成長過程裡，我不時接收到這些來自「自己家」的溫情，鄰居之間送這送那，都是不花錢的東西，可心意貴重無比。

在外生活多年，我已經很久沒有這種經驗了，一直到我們來到雅加達。印尼人普遍友善而溫和，我在這裡重溫了家鄉的人情滋味。

有一回我到茂物（Bogor）[1]參觀台灣農技團，車程當中我的鄰座是一位親切

鄰居送來新鮮的紅毛丹和椰漿水果盅。

的印尼老太太。互相自我介紹的時候我才發現，喔！原來我們是上下層樓的鄰居呢。一路上，健談的她幾乎把自己一生豐富經歷濃縮在一個小時當中，巨細靡遺的呈現在我這個初識的新鄰居面前。

在電梯口說完再見各自回家的幾天後，我的門口出現一份奇特的禮物：一個托盤上面有一把新鮮的紅毛丹和一個藍白磁甕，打開一看，是由各種水果煮成的椰漿水果盅，氣味特殊，是道地的印尼傳統甜品。

我上樓去敲門道謝，她得意的說：「這些水果都是自己家種的喔！」

老太太擁有一個莊園，她不吝惜把莊園裡的收成與新鄰居分享，而我的司機蘇東先生住在一下雨就淹大水的老舊房子裡，將近六十歲的他沒有莊園，可是他也送我自家的東西。

一天，他送我一大袋紅毛丹和一大包波羅蜜，紅毛丹上爬滿黑色的大螞蟻，我坐在樓梯口花了半個小時撥開外殼，扒出一大鍋晶瑩雪白的果肉，放進冰箱慢慢享用。他說是他自己採的。

過一陣子水果換季了，他敲敲門送來長得像龍眼、吃起來像柚子的tuku，一大袋，上面沾了許多黑黑的污漬和白白的鳥屎。我把它們洗乾淨，分袋裝好放進冰箱，幾天之內把它們全部吃光光，新鮮清甜，比外面賣的還好吃。「自己採的！」他又這樣說。

他看到我花錢買植栽放在陽台，沒多久，騎摩托車搖搖晃晃送來兩盆小樹，那也是他自己挖的。

宰牲節隔天他送來一袋煮好的辣牛肉，自己殺的；下雨天過後他上班的時候給我一個白色塑膠袋，打開一看，是幾隻新鮮的吳郭魚。「自己釣的！」他張開一口大白牙，開心的說。

收下這些充滿幸福滋味的珍貴禮物，我忍不住猜測，不知道下次我的印尼朋友會送給我什麼美好的自家的禮物呢？

1　編按：茂物，位於印度尼西亞爪哇島西爪哇省、首都雅加達以南六十公里的城市。

熱帶水果天堂

東南亞地區有「太平洋上的果盤之稱」，印尼位處赤道氣候，其水果種類繁多，價格親民，洋溢濃濃南洋風情。代表的水果有榴槤、龍眼、紅毛丹、香蕉、葡萄、椰子、波羅、芒果、蛇皮果等。

「榴槤」（Durian）有「水果之王」之稱，在印尼被稱為「duri」，意思是「刺」，意指初次接觸者不免感到害怕。它營養價值全面，屬於雨季上市的水果，印尼產的榴槤體積則偏小。

「山竹」（Manggis）則被譽為「果中之后」，同樣是雨季才出產，略帶甜味且果汁豐富的飽滿口感。

「蛇皮果」（Salak）是印尼特有水果，因外皮很像蛇的鱗片而得名，以峇里島產的最為有名。

「紅毛丹」（Rambutan）外表為紅色鮮豔，果實表面密生細長的軟質毛茸，果肉口感與荔枝類似，果汁鮮甜豐富。挑選時以顏色越紅艷則越新鮮，若毛茸已經發黑，則代表不新鮮。

10

二十四樓的天空

二十四樓。

我從來不曾住過這麼高的樓層。每次電梯一層一層往上跑往上跑，玻璃外頭，一樓的網球場消失了，二樓的游泳池不見了，十樓的隔壁大樓光禿禿的頂樓露出來，然後又向下掉向下掉。緊接著，遠遠近近的高樓乾淨溜溜的冒出來，有如幾根巨大的擎天大柱聳立天空，驕傲的等著和踏出電梯的你打個照面。

那是完全另外一種高度，另外一個世界。

住得高，風景也看得更遠。從陽台窗口望出去，你可以從密密麻麻的房陣車龍

裡，九彎十八拐的找到遠方獨立紀念碑的尖頂。你可以趴在陽台半個小時，把底下迷宮矩陣一樣的幾座環型車道捏在指尖，繞過來繞過去，尋找都半年多了還是搞不清楚的來龍去脈。

當然，你自然也可以從擁擠吵雜的雅加達市區脫身而出，獨攬一大片清淨的天空，看到晨曦，看到白雲，看到暮靄，看到那彷若星光點點的萬家燈火漂浮在暗夜裡，不滅不息的熒熒閃爍。

二十四樓的晴空，真開闊！

天氣好的時候，長空如洗，除了白雲之外，什麼都沒有。白雲順著氣流以各種形式恣意鋪排，有時候一團一團，白棉絮一般輕軟；有時候一波一波緊緊相連，把天空變成大海；有時

候一縷一縷，像陣輕煙，一陣風吹過，隨即消散無蹤。

二十四樓的黃昏，真艷！

夕陽剛到的時候，它先給大片樓群潑上一層橘色的亮光漆，教人懷疑什麼時候玻璃帷幕竟然悄悄換了新裝。一會兒光景，天空的暮色漸漸的濃了，屋裡的燈路上的燈漸漸亮了，你得小心仔細地看才能分辨出來哪一盞是燈，哪一盞是夕陽的光彩。你才狐疑著呢，沒多久天暗下來了，將沉的太陽索性放一把火把天空燒得通紅，然後一走了之！

而那夜色，真美。

有幾次我夜半醒來，漆黑暗夜裡，睡眼迷濛之間，倏然撞見外頭一片高低錯落的高樓燈海，兀自閃爍在黑暗的夜空，從臥室這個窗綿延到客廳的大片落地窗，再出現在書房另外那個窗，壯觀無比。我倒吸一口氣，像是猛然被敲了一記腦袋，突然之間完全清醒過來，天啊！這夜空竟是如此曼哈頓。

我貪戀二十四樓天空的各種美色，拍了很多照片，日夜雨晴各有風情，明明都是一樣的背景，可我一點都不厭倦。

半年之後，我們把家挪到較低的樓層，窗口的風景全換了樣，高樓不見了，眼前是綠油油一片的小樹海和綠草茵茵的高爾夫練習場，我好像又重回地面，再度貼近人間的一切。

我們把家當都搬下來了，一件也不留。惟獨那片美麗的高空風情，它留在那裡了，留在二十四樓，留在我的鏡頭，也留在我最初的雅加達記憶裡。

原本以為從此回到尋常世間安身立命，穩妥度日。沒想到半年之後，不安份的家庭主婦以各種奇怪的理由說服了一家之主和兩個小孩，再度大費周章搬回高樓。這次，住得更高了，二十五樓，比上一次還要高出一個樓層。

新年倒數的時候，我趴在二十五樓的窗台，居高臨下，看著此起彼落數之不盡的煙火，一盞一盞爆開在雅加達大片的夜空。大大小小彩色的煙花像是煮沸的開水一般，嗶嗶啵啵在每個角落跳躍不歇，延綿好遠好遠，持續好久好久。這是我看過最特別的城市煙火秀，也是位在雅加達鬧區的二十幾樓的我的家，送我的無可替代的新年賀禮！

11 她的藏身之處

從二十四樓搬到十二樓後，新家的格局稍稍有些改變。往常被她借來打電腦寫文章的大書房改成小孩房了，而她習慣倚窗坐著看書的角落也不見了。轉眼一個月過去，她找了又找，始終找不到一個新的藏身之處。

每一個家裡面，她都需要一個可以把自己藏起來的小角落。

她是一個役齡已達十幾年的全職主婦（煮婦或囑婦），家裡到處都是她的轄區。她在廚房煮東西，在洗衣間洗衣服，在客廳拖地板，在各個房間走來走去，收拾這裡收拾那裡，唸唸老公罵罵小孩。外表看起來她位高權重，可是事實上了無地位。家裡到處都不是她的地盤，臥室的大書桌是老公的，各據一房的小書桌是孩子們的。她想看書想寫點東西的時候她該去哪裡呢？

餐桌她最熟，她通常在那裡安身立命偷一點自己的私密時光。聽起來有點窩囊嗎？不會不會，她一點也不覺得委屈，反正她向來不守規矩不按牌理出牌，想當年她那厚厚一本十萬字的碩士論文，不就是彎腰屈膝，趴在租處客廳邊邊和室的小方桌上，一字一句刻出來的。說實話，她還真不是那麼喜歡中規中矩有稜有角的書房和書桌，那樣，看書看不出滋味，寫字寫不到精隨，她真是個怪咖，天生就愛亂中求序。

在布魯塞爾那三年，她的廚房明亮又寬敞，正中央擺了一張IKEA搬回來的早餐桌，原木版面簡單質樸，上頭常常映著一片溫暖的光影，早晨是陽光晚上是燈火，都是她愛的溫度。她理所當然佔據下來，把它當成電腦桌寫字桌讀書桌。她喜歡一邊讀書一邊做菜，也喜歡一手咖啡一手打字。書香咖啡香菜飯香，香香在懷，是一件多麼幸福的事。

有時後她執意趕完一篇文章，晚了家人都已經入睡了，唯獨廚房那盞燈兀自的亮著。窗外夜色太深太寒太孤單，她把四周大紅色的百葉窗一扇一扇唰唰放下來，暖烘烘，她坐在中間感覺到被自己的小世界團團包圍，她心滿意足，那是她完美的藏身之處。

在雅加達，之前二十四樓的那個家有一個大書房，丈夫的書桌小孩的書桌全部擠在一道，丈夫的公事小孩的功課通通攪和在一起。嗯，這符合她亂中有序的奇怪標準，這回她總算不用獨佔餐桌作為私密空間了。白天他們去上班去上學，她在幾張桌子之間流浪敲電腦，在靠窗的沙發上追逐陽光，看看書讀讀報，有時候累了乏了，咚一聲四腳朝天仰天小歇，瞇一下下，醒過來又是一條好漢！

搬了家，她的地盤也跟著瓦解。她滿屋子走過來踱過去，除了泡澡時候的浴缸，上X號時候的馬桶，她找不到一個專門屬於自己的小小角落。

一家之大豈無我容身之處？她難免忿忿的想。

有幾次她在丈夫的書桌上敲電腦，面對一堵白牆和陽台四台隆隆作響的冷氣風扇親密為鄰。沒多久，她受不了了，乾脆一屁股坐在地毯上，用小狗吃飯的姿態，一字一字敲出一篇辛苦的文章。

那就回到大餐桌吧。可是看看天花板上垂吊而下的那盞饒富氣氛的餐燈，幾朵矇著小傘罩的昏黃小燭燈向上擎著微弱的光，時時提醒著她：這位太太，這是吃飯的地方喔，別想太多。

哪裡才是她該落腳的地方呢？

這天下午，外面下起毛毛細雨，離準備晚餐還有一盞茶的光景，她端著一杯茶拿著一本書，滿屋子晃來晃去，找不到一個棲身的地方。

她來到餐桌旁的小窗台，望出去，好一個煙雨濛濛的雅加達。她隨手搬了張餐椅，坐下來，把兩隻腳丫翹上格子狀的木欄杆，咦？這感覺真不錯，就是它了！

她翻開書，就著窗外糊成一片的濕綠，看一頁書喝一口茶，繽紛的書架就在右手邊，美麗的茶具就在左手邊，放學後女兒在身後彈著蕭邦的小狗圓舞曲，美好的書美好的茶美好的氣氛美好的旋律，她終於找到她的藏身之處。

她決定了，她要去跟大樓門房要求，把餐桌昏暗的小燈換成明亮的大燈，她要在那裡寫文章。她要去跟丈夫打個商量，可不可以買張舒適典雅的貴妃椅，靠在窗邊，她要舒服而優雅的靠在那上頭，曬曬太陽看看書。

工人很快就來把餐桌的古董燈換走了，接著她把她饒富高雅氣質極具撩人姿態的貴妃椅之夢告訴丈夫，然後眼睛一閃一閃亮晶晶的等待丈夫的回答。

丈夫回應快極了，想都沒想馬上說：「那簡單，買個『軟骨頭』給妳！妳愛怎麼躺就怎麼躺！」

唉！歐吉桑，貴妃椅變成懶骨頭？

這未免也跟想像差太多！

12
猜

前天，我家司機蘇東先生突然無故失蹤了，上班時間早過了，人還不來，手機不開，沒有人猜得到他究竟發生什麼事情，而他到底去了哪裡？

猜——是這幾個月以來我和蘇東先生之間最熟悉的一項生活娛樂。

蘇東先生今年五十七歲了，可是他有一頭發亮的黑髮和一張稚子般的笑容。認識他的人都說他是個老實人。我想也是，因為他本分的開他的車，從來不像別的司機會殷勤的幫太太開車門關車門。我無所謂，我喜歡自然，再說這是我這輩子第一次當太太，坦白說還真是有些不自在。

蘇東剛來的時候我們完全無法溝通，他唯一會講的一句英文是「My name is…」，字面上看起來很簡單吧，可是其中語意深奧異常，令人難以捉摸。因為每次他說「My name is」後頭接的都不是他的名字Sulton，而是一大串分不清是英文還是印文的句子。光是這句「My name is」我們就猜了半年多，最後才終於弄懂這句話完全沒有意義。原來，它只是一個警示，意思是：注意囉，我要開始講英文了——不過很抱歉，他接下來說的「英文」，我猜了快一年，還是霧煞煞。

不過別把無法溝通的責任通通推給他，想當初我的印尼文也是一片鴉鴉烏，和他的英文並駕齊驅不相上下。所以想當然爾，我和他之間的唯一橋樑，就是一字訣：「猜」。

你猜我猜猜猜猜。有很長一段時間我和蘇東每天都玩著猜猜樂的遊戲。小事胡亂猜猜，對或不對睜隻眼閉隻眼就過去了。不過有些事好像對他來說挺要緊，可怎麼辦呢？我總也搞不清楚自己到底猜對了沒有。就像雨季那段時間，他常常累著一張惺忪的臉來上班，一開門就連珠炮的說：「water water full full no sleeping!」（這幾個英文單字他說來奇溜無比，可能已經對他以前的雇主們也說了好幾年吧），這些話很容易懂，組合起來是一幅大雨水淹無法夜眠的慘狀。他為什麼跟我說這些呢？我猜是希望讓他補補眠吧。於是那天我會盡量不叫車，讓他在司機休息區睡上一天大覺。這樣猜對了沒有？我也沒把握。

我曾經有過一次最誇張的猜錯經驗。那天又下了一場滂沱大雨，可他下班的時候卻一派興高采烈開口說「My name is」（天啊他又要開始說英文了），「baby, baby…」，他重複拍著自己的胸脯，手舞足蹈晃動他手上的塑膠袋（輕點輕點，那裡頭是我們中午上餐廳時，特別另外幫他買的一份沙嗲），最後又比比自己說：「阿公阿公！」（他之前的台灣雇主有兩個小女孩，我猜她們叫他阿公吧），然後咧著一張笑臉跟我說「Bye-bye」。

家裡其他人看我和他站在門口「聊」了半天，問到底怎麼了？我說，蘇東今天升格當阿公啦，呵呵！看他樂成那樣。

隔天，我和幾個朋友一起喝咖啡說起這件事。其中兩人反應迅速馬上說：「唉呦，他跟你要紅包啦！」另一個說：「才不是，蘇東是個老實人，他只是告訴妳他高興！」還有人說：「沒錯，他高興，可是他也要紅包！」

我想來想去猜來猜去，根據我對他的了解，他一定是想讓我分享他的快樂，可是照理說，我是應該對他的高興有點表示。

回家後我上網查了幾個關鍵字寫在紙上，另外找出一個紅包袋放進一些錢，準備跟他問個清楚之後開心送上我的祝福。在往學校的車程之間，我用簡單的印尼文單字問他：

「你，阿公，喔？」

「對呀！哈哈，我，五十七了，阿公，啦！」

「男生？女生？」

「woman!」（怎麼突然冒出一句英文？）

我悄悄把手伸進包包，準備拿出紅包袋。可是這時候他這句話還沒說完。他接著說：

「兩個，woman!」（原來不是第一次當阿公呀！）

「幾歲啦？」

「一個三歲，一個兩歲。」

我拿紅包的手瞬間停在半空，猜錯啦猜錯啦，人家哪裡是昨天才出生的第一個金孫，厚，蘇東先生那你到底在高興什麼咧？

「昨天，我，回家，孫女，沙嗲，好吃好吃，高興，阿公阿公……」

唉呦喂呀，人家就是把昨天我們送他的沙嗲拿回家給孫女吃，孫女高興，阿公開心啦，這麼簡單。什麼分享喜悅什麼要紅包，通通都猜錯！

經過這樁烏龍猜謎事件之後，我頗有覺醒，這印尼日子既然要過，就該過得清楚明白，我開始認份的自習印尼文。印尼基本文法簡單易學，只要把單字多背一些就可以多猜對幾分別人的意思，很快，不騙你真的很快，我漸漸的可以和蘇東有簡單的溝通。

因為可以溝通了，以前許多猜不出來的疑惑逐漸有了正確的解答。再度遇上下雨天的時候，蘇東乾脆在上學途中繞小路「順道」經過他家。他指著屋後的大水溝說：「下雨，淹水淹到大腿，不能睡覺。」這回我完全聽懂了，而且還可以哼哈接腔：「哇！下那麼大雨啊，那淹水怎麼睡覺呢？」接著他一秒鐘都沒浪費，馬上說：「是嘛！就是說啊太太，所以我想把房子弄高些，不知道先生有沒有現金可以借我啊？」

原，來，如，此。幾個月來他跟我說的「water water full full」，不是為了no sleeping，而是為了no money。

又，猜錯一樁！

漸漸，隨著我的印尼文亂掰功力逐日增強，猜謎遊戲已經不太有機會出現在我和蘇東的談話過程裡。只是這樣似乎沒有比較好，當他發現他可以跟妳「談」了之後，有些事就呼攏不來了。比如說那修房子的錢，是借，還是不借呢？

人與人之間的往來，朦朧模糊反倒也是一種美吧。有一回他跟我說他上班途中騎車摔傷了，車也壞了，我當然很難置身事外，塞給他一些修車費。另一回他跟我說他太太鼻子開刀，住了八天醫院，還從胸前口袋拿出藥包給我看。我也不能沒有反應，給了一些錢讓他幫她買些補品。前幾天，他跟我說他以前的澳洲雇主打電話給他，想請他回去開車，薪水是現在的一倍多。他誠懇而認真的說：「太太呀，可是我不喜歡，他星期五早上不讓我去朝拜，而且他都去pub到三更半夜，我不想去！」

這樣掏心挖肺的一番話聽懂就好，不必多費疑猜吧？我微笑，說：「喔！」心中竊喜，蘇東應該還算滿意我們這一家吧。

才說不用猜，沒想到才幾天，他就突然丟給我這麼大一個謎題。他失蹤了，前天一早沒有任何徵兆，他就——不，見，了！沒有來電通知，甚至連手機都關了，我等了一整天，電話打了一整天，徒勞無功！

一開始，我們很擔心他是不是出了什麼狀況，因為九個月以來他連請假都沒請過。可是時間一分一秒過去，我開始覺得生氣，無論什麼狀況讓你不能來上工，難道不應該要想辦法知會你的雇主嗎？

有些朋友好意提醒我，趕快物色新司機吧，他不會來了。我說，多沒道理，我對他那麼好，向來都把他當長輩，為他想這個為他想那個，他怎麼可以這樣對我？再說，我和他之間沒有任何不愉快呀，他也沒有提出什麼要求，怎麼會這樣一聲不響直接罷工？這時候有人問我了：「他那天提澳洲人想找他回去的事，會不會是在提醒妳：他想加薪呢？」

啊？難道我又猜錯他的意思了嗎？可是就算他要加薪也要說清楚啊。

週遭的朋友們這類事情經歷多了，他們說這是許多印尼人的習慣，他們常常不把事情說清楚也常常不守信用。他們常常跟妳約好某件事可是又臨時爽約，不僅人不見了連手機也都一概關機，任憑你上天下地硬是找不到人。我其實知道呀，丈夫工作上曾經因此挨了不少悶棍，幾次下來已經氣到無話可說。至於司機傭人無故不來的情況就更是屢見不鮮了，有位大姐安慰我，她說她的司機幾年來已經跑了三次，傭人也離家出走過，她拍拍我的肩膀說：「別想太多，趕快找退路才是。」

不管大家說什麼給什麼建議或安慰，我心裡其實很受傷，我誠心誠意對待他，到頭來還是猜不中他的心思。孩子們也是，心軟的女兒一直堅持，他一定是出了什麼事，她說蘇東絕對不是那種人。

昨天一早，我去健身房，回家的時候孩子們興奮的衝上來說：「蘇東回來了，蘇東回來了！」

他說他生病了（女兒得意的說：看吧就說他不是那種人吧），頭暈不能騎車，手機壞了不能打，「sorry sorry!」他拿出看醫生開的藥袋，這樣連聲說。我告訴他：「你生病了不能來，沒問題，可是你一定要告訴我，不然我不知道你出了什麼事情。」他又說「sorry sorry!」我發現他氣色還是不太好，跟他說你如果還是不舒服就回家去吧，可是如果你明天不能來，一定一定要打電話告訴我！

他真是個老實人，還一直問我「那你等一下要出門怎麼辦？」我安慰他：「我可以坐計程車呀。」他臨走前直惦記著小孩學校雖然還在放假，可是明天女兒要上芭蕾課，那該怎麼辦？我看著他誠懇的模樣，心想，蘇東先生，我沒猜錯你，我沒錯待你，你究竟還是一個好司機。

猜猜猜，結果怎麼樣？

今天——他，又，沒，來，了！

他的手機又關機了，昨天終於跟他要到家裡的電話，打了幾十遍了，沒人接。

天啊，誰來告訴我，我到底要猜到什麼時候！

13 找洋蔥

這天中午我趕著要出城，想在出門前準備好孩子們的晚餐，因為算算時間，我應該會來不及回家做晚飯。為求簡便，弄個咖哩雞吧。

前一晚我就已經把雞肉拿下來解凍了，剁好雞，接著翻箱倒櫃，把馬鈴薯、紅蘿蔔、蘋果、南瓜、蕃薯拿出來，一樣一樣去皮切塊，準備妥當，正要熱油鍋時，我才發現——啊，萬事俱全，只缺洋蔥！

我這個人神經雖然大條，可是做菜卻很龜毛，哪道菜要蔥哪道菜該蒜，絕不馬虎也不妥協。對我來說，咖哩沒有洋蔥帶頭提味，就好像鹽酥雞沒有九層塔，臭豆腐沒有酸泡菜，牛骨湯沒有月桂葉，烤羊排沒有迷迭香，那是絕對不允許發生的事情。

我開始打電話，找洋蔥！

先找樓上的Y姐，她住最近也最倒楣，常是我的蔥薑蒜急救站，但她不在。再找她隔壁的S姐，不在。往上兩層樓是蔡家爸爸，也不在。往下兩樓的D姐呢？還是不在。我乾脆拿出筆記本，按圖索驥，從樓下一層一層往上打，怪了，從七樓到二十八樓，我認識的人現在通通不在家。

我放下電話，突然覺得自己的模樣好好笑。為了一顆洋蔥坐在這裡奪命連環叩，而且就算連叩十家也找不出半顆洋蔥，實在很滑稽。

想起來，我怎麼好像一天到晚都在找一根蔥一塊薑一瓣蒜一顆洋蔥？從天涯找到海角，好像沒個止盡，而且，各有各的方法和難易。

時間如果往前推幾個月，場景回到沒有足夠交情的左鄰右舍能夠敲門應急的布魯塞爾，我會轉頭過去跟兒子說：「趕快騎車去鎮上的小店幫我買顆洋蔥。」或者我親自出馬，飛車快跑，火速開到超市，抓顆洋蔥立馬就回；如果再往前推四年，我們在北投。那更簡單，大樓外就有小雜貨店，要啥有啥。不然開個車往前一分鐘有大超市，往後一分鐘有菜攤子，保證不會空手而回。

再往前推八年，在美國，小孩還小離不了手脫不開腳，沒關係，好朋友就住在後頭隔著牆的那一棟，喊一聲「來一顆洋蔥！」馬上，一顆新鮮洋蔥，在空中劃個圓弧，越過高牆當空而降，咚一聲恰恰落在暮光璘璘的游泳池。一顆落水的洋蔥，那是我漫長的洋蔥史上最難忘也最離奇的一樁。

現在呢？在這裡我住的大樓裡有許多熱心的好鄰居，臨時沒了蔥薑蒜，打個電話問問看，總是會有人好心的提供後援以解燃眉之急。聽起來最輕鬆又最容易了，可是偏偏就是有像這樣唱空城記的時刻。恰恰全部的人選在這個時間傾巢而出，就算他們的廚房裡有十個洋蔥，我也只能隔著鐵門，徒呼負負莫可奈何。

你是不是想問，出去買不就好了嗎？最近的超市不就在那不遠的地方嗎？是喔，如果你想在交通尖鋒時間花上一個小時的時間耗在車裡和司機大眼瞪小眼，只為了買一顆洋蔥，如果你想把晚餐煮成宵夜，只為了買一顆洋蔥，那你可以現在就拿起電話呼喚你的愛車。但是，當然，沒有誰會在這裡——這，麼，做！

看看時間，我決定放棄我的堅持，這是我走過那麼多國家，住過那麼多城市，第一次心悅誠服地自動放棄我做菜的堅持。因為這是第一個地方，我沒辦法選擇自己「衝到」超市，買到一顆缺席的洋蔥。

沒什麼啊，搞不好沒洋蔥的咖哩會更美味。不過我離開電話之前還是不死心的打了最後一通電話。結果，嘿嘿，蔡家爸爸已經回家了。

「洋蔥？沒問題！」他說。

「那我趕快去拿！」我說。

「不用吧。」他說。

兩分鐘之後，叮咚我家門鈴響了。我去開門，一顆美麗的洋蔥躺在他們家佣人的雙手掌心，高高的出現在我眼前。

「Terima kasih!」謝謝，我喜出望外連聲說。

「Sama-sama!」不客氣，她受寵若驚連聲說。

然後我們兩個人站在門口比賽看誰把腰彎得比較低。

多神奇呀！明明是出門最不方便的雅加達，結果我卻不費吹灰之力找到一顆最方便的洋蔥。不用自己開車出門，不用差遣家中小廝，不用上樓下樓沿家敲門，當然也不用冒著落水的危險奮力空拋，那洋蔥，就這樣出現在門口。

唉呦喂呀，這是我的洋蔥史上更離奇的另一樁。

14

蘇東先生，新年快樂！

今天*Jakarta Post*頭版出現一張令人咋舌的照片，浩瀚的機車大潮張開大口，淹沒了返鄉的道路，那馬路上黑壓壓一片全被摩托車給佔滿了，幾乎找不出任何一個小空隙；這樣的畫面宣示著，齋戒月已經走到了尾聲，印尼新年眼看就要到了。

以一個外人的身分，我實在很難深刻領略回曆新年的特殊意義，可是整個城市確實到處都瀰漫著一股隱隱的騷動。你看那包裝碩大華美的禮籃佔據商場的大塊角落，返鄉的巨大車潮瓜分掉一部分原本已經極為擁塞的馬路；還有，樓下廣場那幾十輛返鄉巴士，一連三天，清晨四五點，敲鑼打鼓載走千百個遊子。這些景象營造出一股濃厚的年節氛圍，就算我們不趕著回鄉，不放一個星期的年假，也不拿一個月的年終獎金，可是我們也實在感受到了過年的節慶氣氛。

同一時間，我也隱約察覺到我家司機蘇東先生似乎也有某種隱隱的騷動正要發作。某天開始他看我的眼神變得有些閃爍，回答我的時候面無表情，而且平日開車溫吞細心的他，居然在路上遇上一個緩衝Bumper時加速開過，害我像撞到彈簧般從座位上一躍而起，而他卻吭都不吭一聲。

事有蹊蹺，才剛剛落跑過的他恐怕又再一次蠢蠢欲動了。我心裡有了底，三番兩次刻意跟著小孩去上學，一路上拿著小本子拼命記路線，我猜這些，很快就會派上用場。

果然不出三天，他毫無預警的打電話說他機車壞了，來不了了。我在電話裡跟他說：「不管幾點修好你的車，我等你來上班。」結果，那天他沒來，再隔天他沒來。沒錯——他又落跑了。

上回心軟，讓有落跑前科的他回來繼續上班，沒想到還是落得這樣的下場。這回他消失得更有經驗了，年終多拿了一個月的薪水，跑得跟飛的一樣快，完全不顧這一年來的主顧情誼。我聽說過年的第一天人們都必須向家人朋友懺悔過去的錯誤，並且祈求原諒。我不免負氣的想，那開年這天蘇東先生是不是起碼應該現身並承認他的背信負義呢？

說不生氣是騙人的。明明大部分的印尼人看起來都那麼和善，可是為什麼有些時候有些人就是那麼沒有信用的觀念，那麼缺乏負責的態度，那麼不明不白不管了一走了之呢？

生氣是沒用的，孩子們上學的時間要到了，我得準備親自上陣。拿出我的筆記本，我就不相信被無情無義的司機放鴿子，我就出不了門！

過年前的雅加達，市區路況一片混亂，這下子還遇上滂沱大雨。我兢兢業業小心掌舵，孩子們拿著筆記本照本宣科，母子三人同心協力終於把車開到學校。把姐弟放下後，我一個人繼續上路，獨自緣著狹窄的小路想辦法找出正確的方向。雨氣漫漫之中，我的前途也一片迷濛。老實說，那天我只記下了去學校的路，至於行徑迴異的回家路，我沒有把握，也只能憑著印象鋌而走險了！

一小時後，我在大雨之中掙脫了密如蛛網的車陣歷險歸來。下午我又跑了一趟接他們放學。乖乖，不塞車時單程二十分鐘的車程，我來回馬不停蹄，跑了將近三個小時，終於披頭散髮回到家。

雅加達的交通實在容不得我逞勇鬥強。第二天丈夫馬上找來一個臨時司機上工。司機來了，可是這並不表示我可以在旁邊納涼了。我得跟車，得教路，得觀察新司機，一切重頭來過。除了不用坐在駕駛座上，我付出的時間和精神，一點也不比司機少。

這天女兒的課只上到中午，可是她下午還有臨時更動的芭蕾課在城市的另一端。所以情況有點複雜，我必須留在學校附近等一個上午，等到女兒下課一起回家，然後司機再回學校等兒子下午下課，而我和女兒則自己搭計程車去上芭蕾。

和女兒回到家之後，我跟新司機說：「弟弟四點半下課，請你等一下去學校接他。」他微笑點頭，把車開回地下室。上樓之後我越想越不對，他聽懂我的意思嗎？我好像應該要跟他強調他要「單獨」去學校。於是我下樓去停車場想找到他跟他再確定。一到地下室，車位上車去人空，嗯，這司機真靈光，知道要提早出門才不會塞車，不錯喔！

下午三點半，我和女兒搭計程車出門上芭蕾，四點半我接到兒子的電話，他說：「媽咪，司機呢？為什麼我打電話給他，他還在家呢？」

啊我的天，他果然還在家裡的停車場等我叫他出車。接到電話他也慌了，連聲說他馬上出發去學校。這不會是個好主意，現在已經是三人同車才可上路的市區尖峰時間，他一個人出不了車，而且等到他塞到學校可能都天黑了。我當下決定讓司機回家，讓兒子自己想辦法搭車回家。

才唸小五的兒子從來沒有單獨搭乘計程車的經驗，更何況學校位處巷弄之間，很難攔到車。語言不通又路況不熟的兒子該怎麼找到車，又該怎麼讓司機正確無誤的送他回家呢？

兒子倒是十分鎮定，還開玩笑說不然他可以坐三輪車回家。接下來半個小時，費了一番周章，他跑到大馬路上攔到一輛平常我們不會考慮的雜牌計程車，一面維持和我通話，一面膽戰心驚的往回家的長路步步趨近。

我一面跟他通話，姐姐的芭蕾課已經下課了。這下換成我們母姐二人站在路口攔計程車了。六點，正好是人們餓了一天的開齋時刻，我們眼前就有一輛藍鳥亮著燈停在路邊，司機進去小攤吃飯了，怎樣都不想出來載客。過年之前這段時間，什麼事情都變得很混亂。我站在路邊望穿秋水，不知道已經在車上的兒子到了哪裡了呢？

好不容易終於上了一輛小藍，才坐定電話就來了，從城的另一端和我們以著相反方向飛奔回家的兒子通知我，他已經快要到了。

六點的路上車潮明顯退去了，現在大部分的趕路人都已經坐在餐桌前，享用這一天好不容易盼來的開齋飯。我們的車以難得的快速在路上飛馳。兒子又來電了，他終於到家了。

我放下電話，也終於放下心來，看著車窗外初上的華燈刷刷閃過，這過年前的混亂，也終於有了沉靜的這一刻。

不過，最後我還是要一點都不沉靜的說：「蘇東先生，新年快樂，你這個沒良心的人哪！」

15 還是不明白

這天下課回家的路出奇順暢，該塞的地方都沒塞，我盯著比平日還要快速飛嘯而過的街景，開心的跟孩子們說：「啊，今天怎麼這麼好，都沒塞車耶。」

聽完我說這話，兩個孩子一前一後很快就睡著了。我們很天真，都以為頂多四十分鐘，一覺醒來，家也到了。

果然，不到三十分鐘，我們已經來到離家不遠的地方。車子順著弧度在一個路口大大的轉個彎之後，車窗外突然冒出許多摩托車，一輛接著一輛呼嘯而過。仔細一看，騎士們無一例外全部穿著紅上衣，有些後座的乘客還抓著國旗旗桿，紅白色鮮豔的旗幟隨著車頭擺盪，在疾風之中左右翻飛。「完蛋了，足球賽！」我在心裡低喊了一聲。

這時司機的車速明顯的減慢了一些，他眼尖的發現不遠的前方已經開始回堵了。他當機立斷，方向盤一轉，打算繞道而行。向來不輕易開口說話的老司機用帶點歉意的口吻跟我說：「太太，今天印尼和馬來西亞足球賽冠亞軍對決，前面塞住了，我們繞路走。」

像蛇一樣迂迴前行，老司機熟悉這一帶的小巷窄弄，小車繞這裡鑽那裡，我完全失去方向，我也不擔心，隨他去，相信他一定能在重圍之外殺出一條生路。

九彎十八拐，最後車子終於從安靜的社區裡鑽出來，眼看大路就在眼前，往前走一點再走一點，唉！我相信司機應該和我一樣，正在心裡嘆了一大口氣。繞了一大圈，結果並沒有什麼不同。足球場就在我家大樓的旁邊，無論我從東西南北前後左右哪個方向回家，都一樣。浩大的車潮早就已經像洪水一樣，把通往球場各個入口的馬路，全數淹沒殆盡。

路口彷若懸崖，一不小心失足陷落就很難回頭。司機艱難的把車子匯進洪流裡，開始漫長而混亂的隨波逐流。

孩子們渾然不覺，睡得正香甜。而我不行，就算被車潮包圍的車內太平一片，可我沒辦法閉目不見，假裝車外亂七八糟一切都是幻覺。我眼睜睜盯著車窗，看出去，我要把這亂世看仔細。

原本是幾線道的大馬路上已經全然沒了分隔線，難以數計的車子以毫無秩序的動向前進，只要哪兒蹦出點空隙那兒就是兵家必爭之地。馬路上的競爭者當然不只是公車大車小車，還有無處不在的摩托車。在雅加達，我不是沒見過龐大的摩托車陣仗，但是我沒見過這麼奇特的紅色大軍，一波一波從任何一個角落湧出來，而且還隱隱帶著一股呼之欲出的猛烈氣勢，讓旁觀的人竟然有些駭然。

我發現到這些人的表情都很急切，生怕趕不上即將開場的盛事。雖然印尼人愛看足球是個眾人皆知的事實，可是我猜他們這回如此熱切的原因，恐怕還是因為這場比賽是東南亞足球錦標賽的總決賽。而且，重點來了，他們的敵手，啊，又是他們足球上的老仇人馬來西亞！

我對他們之間的恩怨情愁沒有頭緒，自然我也很難理解他們此刻恨不得插翅飛到球場的萬般迫切。更叫我驚訝的是，這份巨大的熱情不只是年輕人或男人們的專利。我親眼看見，身穿紅衣的爸媽把年幼的孩子們夾在摩托車座位中間，攜家帶眷，疾速快飛。我看見落單的年輕女學生穿著紅上衣，不顧一切，穿過危險的馬路奮力前行。我還看見十幾歲的青少年們，擠在破爛的小公車裡敲鑼打鼓，大聲唱歌。一點也不意外的，那車頂上也擠滿了一群天不怕地不怕的孩子們，張牙舞爪險象環生的擎臂前航。

我坐在車裡，在漩渦的邊緣，近距離的觀看著那個離我很遠的荒謬世界。時間一分一秒的過去，除了有家歸不得的無奈之外，還有一種奇異的感覺攀上心頭，很複雜，無以名之。如果真要把它具體說出來，那應該是——「害怕」。

我害怕一股隱隱的巨大騷動就在伸手可及的地方，我害怕窗外那個混亂的世界會一觸即發，瞬間失控。

車子慢如老龜，一個小時之後，我家大樓的身影終於緩慢的浮現在我眼前。然而，看見它，接近它，逼近它，又花了整整半個小時。

在轉入社區入口的前一步，老司機馬失前蹄，不小心輕輕碰著了前一輛摩托車的後車牌。那騎士猛然回頭，瞪我們，眼神裡惡狠狠露著兇光，回過頭去，不甘心，又轉過來瞪著，眼睛裡劈哩啪啦四射的全是火花。我趕緊撇過頭迴避他的眼光，我確信在可怕的焦急的集體混亂當中，人們已經完全失去耐心。我懷疑下一秒鐘，那騎士會不會失心瘋的做出什麼不可思議的舉動。

車子總算進了社區，忽然之間萬物俱寂，世界突然歸為平靜。我大大鬆了一口氣，疲累不堪竟似劫後餘生。下了車回到家，我一句話都沒氣力說出來。

隔天，網路上出現一則國際新聞，說是前一晚在印尼雅加達舉辦的足球賽，一口氣湧進將近九萬人。當入場卷銷售一空時，部分憤怒的群眾放火燒了票亭。而進場時，成千上萬的群眾在相互推擠之下，竟然有兩個人慘遭踩死，還有一名孩童昏迷不醒，並有多人受傷送醫。

我看了報導，難過極了。我想起前一天在我眼前迅速閃過的那些摩托車，那些焦急的面容，那些瀕臨在爆發邊緣的熱情，那些無以名之的焦躁氛圍，還有我心裡說不出來的憂慮和害怕。我不明白，一場足球賽，怎會是這樣脫序的下場？

我更不明白的是，都出人命了，比賽當晚，賽事如常舉行，一陣一陣的加油歡呼聲，依舊如狂濤巨浪一般，從足球場爆發出來，強烈的撼動著周圍每個人的心房。怎麼會這樣呢？

我在這裡住了兩年多了，有些事，還是想不明白。

足球情仇

印尼人愛好觀看足球賽事，足球運動蓬勃，國內以「印尼足球超級聯賽」（Liga Super Indonesia）職業足球運動的殿堂，該聯賽票價低廉，吸引許多中低階層進場看球。觀看足球在印尼除了是低消費的娛樂，也是表達地域認同的方式之一。

然而，印尼在世界足球體壇上的成績並不突出，雖於一九三八年因日本退賽，成為第一支打入世界盃足球賽的亞洲球隊，但只打一場便嚐敗戰，其他時間不是未能晉級會內賽，便是沒有參賽。儘管如此，印尼足球在東南亞國家中仍稱得上是一支強隊。

印尼和馬來西亞擁有相同的種族、語言與宗教信仰，文化底蘊類似，但因早期外交衝突，導致兩國長期呈現緊張關係，其對立情緒充分展現在足球場上。二〇一〇年，馬來西亞首次奪得東南亞足球錦標賽冠軍，該國總理甚至興奮地宣布全國放假一天，而落敗的印尼球迷痛斥大馬球迷用雷射筆照印尼球員的眼睛，在網路論壇群而攻之，兩國間的仇恨因足球而日益加深。

16 遺下

因緣際會，妳得以藉攝影之名進入那座隱密的宅院，大門開啟的時候，妳的第一印象不是豪華別緻的建築陳設，而是女主人優雅美好的笑容，清盈秀麗好比一朵淡雅的花。

女主人Hasri Ainun Habibie是印尼卸任總統哈比比（Bacharuddin Jusuf Habibie）的夫人，年過七十可是風華仍在。她那天穿著一套簡單的Batik印尼傳統衣裙，素淨的裝扮並不令人驚艷，可是清幽恬靜的氣質卻教人過眼難忘。從妳的鏡頭看出去，她姣好的膚質幾乎讀不出歲月的痕跡，她彎月般的眼睛裡全都是溫婉的笑意，她說起話來輕聲細語，一點也不給人壓力，妳覺得賓至如歸，幾乎險要忘記她背後那個顯赫的頭銜。

她準備了一桌的茶點和妳們喝茶聊天。茶，一盞未竟；話，一席方酣，主人哈比比突然毫無預期的從他的會議當中溜出來加入妳們，落坐在她的身旁，不著痕跡的接過她的任務，繼續妳們的話題。

妳絲毫不懂複雜的印尼政局，妳只是用妳慣有的文藝情調去打量這位閃亮但短暫的昨日之星，妳一眼認定他是個有意思的人。他像一陣熱風闖進來，迅速立即的讓周遭的人完全感受到他的熱情。他興高采烈的和妳們分享他的過去和現在、事業與家庭。他的表情豐富手勢特多，精力充沛像個孩子。轉著靈活的眼珠，他說話像是說故事。妳們聽得津津有味。他身旁的伴侶靜靜聆聽，在彷彿約好的適當時刻滑進來幾句話，補充幾個細節，大部分的時間她任由著他，微笑看著他。我注意到她的眼光充滿愛憐，像是凝視著一個她寵溺的孩子。

後來主人興致極好，領著妳們參觀房邸。從大廳到穿堂到後院到會議廳，他手舞足蹈、鉅細靡遺的向妳們解說每一個設計、每一個陳設的由來和典故。妳們亦步亦趨，簡直像是歷史地理課裡的小學生乖乖聆聽，生怕錯過哪一段精彩的小細節。妳拿著相機總是走在最後面最邊邊，女主人也總是迤迤然走在隊伍後面，她安靜的站在丈夫的光環最末端，微笑看著他，像是他精彩的演說稿裡最理所當然的那個句點。

移動當中有幾個片段，妳和她兩人一組落在人群最末，妳們閒散的聊著天。她身上散發一種奇異的魅力，溫煦如和風，讓人不自主的卸下禮數的武裝暢快對談。記得妳說：「啊，他真是個精力充沛的人呀！」她微笑點頭，回說：「哎呀，他就是這樣的一個人。」語氣裡有點無可奈何，有點放任寵愛，以至於妳不知不覺說出妳心中真正的感覺，妳說：「他看起來真像個孩子一般。」她聽了一直點頭，同意的笑出聲來。

那一瞬間，妳的直覺告訴妳這對夫妻是那樣的鶼鰈情深。儘管妳們只是這樣的一面之緣，儘管妳對多年前哈比比那場充滿理想但最終失敗的的政治戰役一無所悉，但是妳相信這必定是一對攜手走過挑戰的革命伴侶與共度平靜暮年的神仙眷侶，因為妳在他們之間感受到一股說不出的平淡的深情，突然之間妳竟感動莫名。

從那個愉快的午后回來後，妳很快的交了照片交了差，可是哈比比夫婦倆人充滿餘韻的互動帶給妳的觸動妳交不出來，甚至妳也沒打算說出來，妳把它偷偷藏

像個頑童一樣的印尼前總統哈比比。

在心底，當成一個意外的禮物。

僅僅三個多月過去，世界忽然完全不一樣了。

那一天你們剛結束一場熱鬧沸騰的園遊會，在回家路上丈夫的電話突然響了，聽起來是個緊急的突發事件。妳問怎麼啦？丈夫說：「哈比比夫人因病過世了！」

是她嗎？妳一連問了三次，妳一直不敢也不願確定他說的和妳想的是同一人。怎麼會呢？幾十天前那個午後的她看起來精神奕奕毫無異狀，妳們還一直由衷讚歎她為何看來那麼年輕，怎麼會怎麼可能怎麼可以這麼短的時間她竟如風消散了？

消息來得很模糊，只說她積病多時，近來幾個月一直留在德國慕尼黑接受治療，最後仍回天乏術。妳想起妳們那個午後會面的最後一幕。參觀結束，哈比比也回到預定的會議，時間晚了，妳們原本已經起身準備離去，可是女主人殷勤的邀妳們再喝杯茶，於是妳們又坐了下來，吃了點印尼傳統糕點，喝了點茶，又聊了些話。妳們站了起來又坐了回來，其實這樣有些奇怪，因為禮貌上，妳們並不會因為主人客氣的挽留而做這樣唐突的決定。妳想不起來當時是怎樣的氣氛絆住了妳們的腳步，妳只記得那時候外頭天突然陰了，下了點雨，偌大的宅院竟有著幾分清寂。妳回頭看了她一眼，不知道為什麼妳就是相信她是真心希望妳們多留一下下陪她說說話。於是，妳們在她人世間的最末一段時間，稍稍的稍稍的，與她多了幾分難得的再也不會有的機緣。

隔幾天妳在報紙上看到這則報導：

「印尼前總統哈比比的夫人因為癌症病逝德國，享年七十二歲。

哈比比家族發言人說，今年三月就入院治療的哈比比夫人，星期六在慕尼黑醫院安詳去世，前總統哈比比陪在身邊。遺體將在下星期三運回雅加達，印尼印總統尤多約諾下令給予國葬。

哈比比原本是蘇哈托的副手，一九九八年蘇哈托被人民逼退，哈比比接任總統；兩年任內，他在政治改革上頗有建樹，不過還是難以擺脫舊朝勢力的色彩，一九九九年他競選連任失敗。過去幾年他多半待在德國，哈比比一九五〇到六〇年代，在德留學。他與哈比比夫人有兩個兒子。」

妳還在當地報紙半版的版面上看到印尼國人的悼念文，她清麗的身影再一次出現在妳眼前，想不到是在這樣的地方。

逝者已矣。那，她的丈夫呢?妳想到哈比比，在她面前像個孩子般的哈比比，失去她，該怎麼辦呢？

妳在她下葬之後隔天的報紙看到哈比比，相片上總統和總統夫人彎腰致意，而哈比比像一只失了風的氣球，委頓的癱坐在棺木旁，「被遺下的哈比比」，報紙上用這樣的話語來形容他。

「被遺下」，妳看到這幾個字，心裡覺得痛。

妳想起她看他的眼神，聽他說話的表情，遠遠站在他身後，像托住他的一片天的姿態，妳想起她說他像個頑童時候綻放的微笑，妳想起妳們站在橫亙幾十年的許多家庭照片前，聽她用懷想的口吻告訴妳們那些年輕到年老的悠長歲月。妳不懂，不過僅僅驚鴻一撇偶然窺探了他們的世界，可是為什麼妳想起被遺下的哈比比，妳竟然覺得鼻酸？

二十幾年前，妳的父親也是被遺下的那一個。妳的父母感情極好，妳幾乎不曾見過他們爭吵，印象中的母親也像那樣仰望著父親卻又支撐著父親，二十幾年的伴侶，風裡來浪裡去，不管禍福始終相依，誰是誰的天誰是誰的地其實早就分不清楚。母親的葬禮上，蓄滿鬍渣不曾當眾落淚的父親看起來很堅強，可是年輕的妳無論如何都看得出來，被遺下的這一個，他的世界已經塌了，回不去了。

被遺下的哈比比，又如何回得去妳印象中的那個幸福老頑童呢？已然步入中年，已然結婚二十年，已然來到當年母親年紀的妳，有些心情突然懂了。

妳在心裡，深長的嘆了一口氣。

印尼簡史（四之四）

哈比比時期

一九九八年五月蘇哈托下台後，由副總統哈比比（Bacharuddin Jusuf Habibe）替代總統之位，成為印尼獨立後的第三位總統。

哈比比上台後，大量特赦政治犯與共產黨員，宣布讓東帝汶選擇自治或獨立，並且改組國會席次，致力推動改革，國內也因為政治氣氛的改善，新的政黨紛紛出現。整體而言，哈比比展現出政治改革的決心，讓印尼逐漸邁向改革開放的民主進程。

然而，這樣的改革開放並不足以滿足國內的學運份子，他們渴望結束武裝部隊，並督促政府針對經濟問題提出積極的改善對策，同時他們也要求公開審判蘇哈托的貪汙濫權（蘇哈托以健康因素為由拖延審判）。然而，哈比比與蘇哈托情同父子的關係讓學運份子無法完全信任，加上印尼經濟問題未見改善、東帝汶事件的負面影響、親信陷入醜聞等因素，印尼人民協商議會（簡稱「人協」）針對哈比比的施政報告提出否決，鑑於情勢，哈比比退出下一任總統競選，在位期間僅十七個月。

瓦希德時期

經過「人協」投票表決，瓦希德（Wahid）代表當時印尼第四大黨「醒覺黨」的背景當選第四任總統，第一大黨「民主鬥爭黨」參選人梅嘉娃蒂（Megawati）則當選副總統，會有這樣弔詭的結局，是因為各黨派激烈競爭僵持不下，又不願讓女性擔任伊斯蘭國家元首的妥協結果。這使得瓦西德從就任開始就受到反對黨的制衡。

瓦希德上任後，致力於清除蘇哈托所留下的政治遺毒，積極調查各貪污案與侵犯人權案，主張印尼境內應針對不同民族採多元主義，對印尼華人採取友善的態度，並改革中央集權的弊病，將政治權力陸續下放到各級行政單位。

不過，瓦希德終究無法在短時間內處理印尼境內的貧富差距以及宗教衝突，加上涉及兩宗貪污案，反對黨找到理由在國會發動罷彈劾，梅嘉娃蒂公開表態支持「人協」召開臨時特別會以罷免總統，意味著總統與副總統正式決裂。二○○一年的六月二十日，「人協」以五百八十八票、沒有一張反對票的表決結果，決議罷免瓦希德並推舉梅嘉娃蒂為新任總統。瓦希德雖拒絕下台，但仍以赴美就醫的理由告別總統職位。

梅嘉娃蒂、尤多約諾、佐科時期

梅嘉娃蒂是第一任總統蘇瓦諾第九任老婆的長女，在擔任「民主鬥爭黨」即被國際輿論將她與緬甸的翁山蘇姬相提並論。她們年齡相仿，都是國父之女，在八○年代末，同時由家庭主婦踏足政壇，躍為反抗軍事獨裁政權的代表人物。

在備受期待的政治氛圍下接任瓦希德剩餘的任期，梅嘉娃蒂一上任就面臨考驗，二〇〇一年九月，因美國「九一一事件」在西方世界掀起反伊斯蘭教的聲浪，印尼作為全球最大的穆斯林國家，梅嘉娃蒂處理或不處理國內伊斯蘭恐怖主義，都是兩難，這使得梅嘉娃蒂遲遲不敢向國際社會宣布境內有恐怖主義的存在。隨後，二〇〇二年十月在峇里島發生伊斯蘭恐怖分子所主導的爆炸案，面對國內與國際輿論的雙重壓力，梅嘉娃蒂顯露出不積極處理的態度，加上印尼失業率和貧窮問題持續存在，使得梅嘉娃蒂逐漸被質疑是否有治國的能力。

梅嘉娃蒂在其任內最大的民主貢獻，是實現了印尼總統全民直選的民主制度，卻也在二〇〇四年遭尤多約諾（Yudhoyono）以百分之六十的得票率擊敗。尤多約諾成為印尼的第一位直選總統，當選的原因除印尼人希望領導人可改善國內的經濟問題，他堅定的反恐立場也是選民青睞的重要因素。二〇〇九年七月，尤多約諾再度以超過百分之六十的得票率，成功連任總統。

二〇一四年七月，蘇哈托的女婿普拉博沃（Prabowo）與雅加達省長佐科（Joko）兩人角逐印尼總統，普拉博沃的參選，意味印尼仍沒有擺脫蘇哈托的陰影，獨裁勢力深化成盤根錯節的貪汙、金錢結構，至今仍影響著印尼的貧富差距；而平民出身的佐科代表改革新勢力，獲農村和城市的年輕族群較多的支持。最後，佐科以百分之五十三的得票率險勝對手，成為印尼第二位直選總統。

17 這國這島這城

每次只要印尼在國際新聞上有個風吹草動，我的弟弟，不論他在什麼地方，我都很快就會接到他的電話。

地震海嘯爆炸水災，都是他關切過的目標。一開始幾次他在電話那端說：「欸，你們那裡有沒有怎樣？」我都調侃他說：「先生，請你回去把地理唸好好嗎？印尼有一萬多個島，你說的那事發生在另一個島很遠的地方，我得搭飛機幾個小時才到得了。」

每一次他都嘿嘿傻笑。因為他老兄以前不愛唸書，地理很爛，被虧幾句好像也是理所當然。

這次不一樣。前幾天他又來電話了。一開始他說：「你們那裡大地震，又引發海嘯了？」我照例又說：「先生，你地理很差耶，那裡是蘇門答臘，我們是爪哇島，離很遠欸，那邊的海嘯不會嘯到雅加達啦。」接下來他又說：「可是莫拉比火山不是在爪哇島嗎？」我說：「是咧，可是離我們還有四百多公里呢！」我說話的音量越來越小，因為他說的那事離我越來越近。還沒完，最後他說：「聽說你們雅加達淹大水啊？」

大水沒錯就淹在我住的這城了，我頓時無言以對，住了嘴。

淹大水那天我們不在家，還在峇里島渡假。那裡風光明媚烈日炎炎，我們得塗上幾層防曬油才能出門。沒想到就在那天，一場滂沱大雨之後，才睽違幾日的雅加達竟然淪陷了。其實，雨後淹水在這裡一點也不稀奇，每回只要頃盆大雨盡情倒個十分鐘，低窪的街道登時水影汪汪，一片狼藉。有幾回我安坐車中，大雨突然來了，沒多久我的坐騎馬上搖身一變，變成水上小舟，搖搖晃晃撥浪前行。這城市變臉的速度，快得令人瞠目結舌。

會這樣是有原因的。雅加達未經詳細規劃的排水系統在大雨時根本派不上用場，就算有排水孔也因垃圾阻塞而無法發揮功用。還好這赤道下的大雨，總是來得急去得快，小規模的淹水通常可以逐漸消退。可那天不一樣，許多低窪區域都淹了上公尺的大水。水來了，原本擁塞的交通更是完全亂了分寸，道路封閉的，引擎熄火的，汽油一滴都不剩的，狀況都來了，很快，整個雅加達瞬間打結，動彈不得。

左鄰右舍的孩子們下了課坐上車，卻回不了家。平常一個小時不到的車程，據說他們坐了六個小時，都要半夜了，才總算進家門。上班族一樣慘，有人坐上計程車，原本十五分鐘的距離，坐了三個小時，眼看那跳錶都要爆掉了，還是沒到。我們的鋼琴老師那天下課要回家回不去，咫尺天涯，見到老婆已是凌晨十二點過去的另一天。有人比較聰明，說，那我就叫摩托出租車來個乘風破浪水上行舟。沒用沒用，原本半小時就可以到的家，突然搬到了三小時以外的地方，望眼欲穿前途漫漫，怎麼會這樣硬是有家歸不得？

短短幾天之內，接二連三發生的天災，一樁一樁越來越迫近追著你跑，這國這島這城突然連環亂了套。

我只是一名客居的短暫過路人，這些事都發生在我的周圍但是並沒有貼近在我的眼前。如果我不去看當地新聞，不去讀當地報紙，或者我只是很簡單乾脆不出門，我可能可以完全過著我的承平歲月，不受到一點干擾。就好像地球照樣運轉，這生活穩穩當當，沒有什麼好心煩。

可是，怎麼能呢？一連三件登上國際版面的天災憾事，我發現，那些事都不是三言兩語「反正它不在我身邊」、「它還離得那麼遠」就可以呼攏擺平。

大水大火，它們的確就在我所住的這國這島還有這個城。新聞上你看到海嘯把整片村莊夷為平地，幾百村民瞬間消失了跡影。另外那頭，火紅的岩漿把莫拉比火山尖頂一分為二，災民在灰雨之中倉皇逃命，報紙上有個劫後餘生的的孩童，睜著驚恐的眼瞅著你，他不能明白為什麼彩色的世界突然變成黑白一片。再過幾天，連相隔遙遠的雅加達都緊急關閉了國際航線，他們說沖天而上的火山灰影響了飛行安全。沒錯，因為或近或遠，你們的確就是在同一個天空下面。

隔了山與海，就算地震海嘯火山爆發都在遙遠的另一邊，天地不仁，你怎能不為那受難的清貧百姓覺得遺憾與不忍？因為無論如何，你雙腳確確實實就踩在印尼的土地上。

而雅加達的大水，我們因為孩子放假出了門，避開了那混亂而漫長的一夜，可是它離得最近，周遭朋友的經驗最真切，我的感覺也是最迫近的一份無奈。

雅加達，一座新舊混雜的城，一個現代與破敗同時並存的奇異世界。新的世代一直往前跑往前跑，可是舊的秩序還在拼命往後拉。就像每年路上的車輛以倍數不斷成長，可是道路的無序和不足，卻依然兀自存在。就像那雨越下越猛，可是那治水良方呀究竟在何方？

淹水過後幾天，我在英文報紙上讀到一則〈以微笑面對雅加達水災〉的頭條報導。作者提供了一系列的妙方，教育讀者如何因應類似的水災車困事件。他說應該在車上準備好聽的CD以度過塞車時間，必須在車上預備充分的食物以備不時之需，隨時要讓手機保持在飽電狀態，因為那是你唯一對外的聯絡通道。最好和住在附近的同事保持良好友誼，也許到時可以就近借住一宿。要不然乾脆在辦公室準備好睡袋盥洗用具，如果看外頭雨淹上來車動不了，你索性以辦公室為家，萬事不管，一了百了。

匪夷所思的苦中作樂嗎？那就是千真萬確的雅加達。

這國這島這城，苦難中的眼淚，荒謬中的訕笑，千百種說不出理不清的滋味，這就是此刻我住的所在。

印尼天災大事紀

印尼因特殊地理位置，地處版塊移動區，加上位處熱帶地區、境內火山眾多，以地震、海嘯、豪雨、火山爆發為主要天災：

帕潘達亞活火山（Papandayan），高達兩千六百六十二公尺。曾於西元一七七二年爆發，造成三千餘人死亡。

一八八三年，爪哇島西部的喀拉喀多火山爆發時，全區幾乎化為一堆碎片，為印尼史上最大的火山爆發。

一九六三年，峇里島阿貢火山發生百年來最驚人的大爆發，兩千餘人死亡，上萬人無家可歸。

二〇一〇年，位於爪哇中部的梅拉比火山（Merapi）火山噴發，超過三十九萬人被迫撤離家園，世界七大奇景之一的「婆羅浮屠」世界最大的佛教遺跡被厚約五公分的火山灰掩蓋。

二〇一二年，聖誕假期發生蘇門達臘大地震，規模達到芮氏規模九點零，為二十世紀以來，排名全球第四的大地震。該地震引發大規模海嘯，死亡人數約為二十四萬人，另有六十萬餘人淪為難民。

18 在咖啡館

最近妳接了一個跟寫字有關的工作。

妳開始不在家。家裡安逸的誘惑太多，妳的字田在家耕不出來。妳只好出門去，流連各家咖啡館，強迫自己圈地為王，困坐當中，本本分分無可遁逃的提鋤頭墾荒地。

叫一杯好喝或不好喝的咖啡，妳打開電腦，翻開筆記本，戴上MP3，從此與身邊一切人事形同隔絕。妳隻身坐在那裡，彷彿浮世當中唯一淨地，無沾無惹，了無塵埃。而旁邊恆常是熱鬧的，有一桌印尼男子大聲的談笑，有兩個日本女人誇張的聊八卦，有一對久違的情侶眼睛發光看著對方，有幾個金髮老外盯著電腦螢幕，和妳一樣安安靜靜不說話。

有時候妳分心，拿眼角餘光看他們一眼。妳知道他們存在，可是妳完全沒意識到他們什麼時候來什麼時候離開。像是浮光掠影，對妳而言了無意義。

妳的全部意義好像在於永遠都寫不完的這些字。

工作有時候是順利的，有如潰堤大洪一瀉千里。可大部分時間它是滯礙的，不容易往下走的。妳老是對著螢幕發呆，都真的要變成呆了，那令人滿意的下一句還是遲遲不來。一個早晨或一個下午，咖啡把心悸喚來了，時間把電池耗盡了，妳還在跟靈感磨耐性，看看究竟誰願意先舉白旗承認輸了再也不想玩下去。

妳把咖啡館坐成戰場，日復一日有輸有贏，妳離開再回來，妳回來再離開。

烽火連天，目前為止，妳駐紮過六家咖啡館。如果妳去附近的豪華大MALL，清晨八點半，妳會先在地下室的亞坤咖啡吃片香烤吐司，喝杯煉奶咖啡，打點底稿。然後十點整，換到樓上的星巴克去報到，通常離開的時候已經錯過了妳的午餐時段。要不然大清早，妳跟著司機到了法國學校，放下小孩，妳去不遠處的麥當勞，從早餐吃成中餐，看能不能從這一段寫到那一段。再不，妳選擇中午才出門，跟著司機提早到學校，在幼稚園旁的咖啡館，從天光坐到日暮直到店家要打烊。那不換一家吧，學校對面有家情調很棒的Corner咖啡館，燈光好氣氛佳，偏偏就是煙霧瀰漫，害妳靈感全部敗給那批討厭的小菸槍。要是那天不想出遠門，妳提了電腦自己上路，走到附近的商場。換個地方，老朋友星巴克一樣為妳癡癡在等待。

妳跟丈夫說，唉啊為了幾個黑字，喝了一肚子黑水，還付了一堆黑嚕嚕的錢，這昂貴的成本哪，不知道什麼時候才賺得回來？

朋友開始抱怨找不到妳的人影，大抵以為妳還為那沒良心的落跑司機心煩不已，並且忙著訓練三兩個新司機跑東跑西。還有人誤會妳超級上進，所以斬釘截鐵說妳去上印語課了吧？有一次一個新來的朋友幾度尋妳不著，妳乾脆跟她說：「我在咖啡館上班，妳不知道嗎？」她信以為真，還真懷疑妳在印尼當了台勞非法打工。

也沒錯，妳難道不是在打工？妳其實就是一名文字的勞工。妳把文字一個一個從心裡掏出來，敲在鍵盤上，然後看它亮閃閃在螢幕上愉悅的跳躍。就這樣，有些心事被知道了，有些道理被澄清了，有些美好或痛苦的時刻被留下來了。耕字犁文的過程既痛苦又幸福，那會教人一輩子上癮，妳是這樣甘願臣服做個文字的小工。

長年下來，妳幾乎是不支薪不領年終獎金的堅守文字勞工的崗位。小學時寫給同學傳閱，中學時寫給《青年月刊》刊登，大學之後寫給老師交卷，後來寫給報社雜誌社，還乾脆自闢天地寫成部落格，最後，終於寫成自己的書。寫字，對妳來說沒有什麼道裡，只是自然而然，彷彿呼吸一般。

有幾次妳隔了段時間不上工，沒有誰會來問妳為什麼帶著妳的文字消失無蹤。倒是妳自己，會在夜夢之中追著自己要稿子。妳醒來之後每每滿身大汗，趕緊把筆找回來，沒有人催妳，妳不為什麼，就是繼續寫下去。

意外的收穫是，在這座大城裡，妳有更多的時間與更好的空間等著妳繼續寫下去。因為不能像以前一樣自由自在的開車亂跑，因為不想把大把時間花在無謂的逛街採買，因為不願意一整天關在二十幾樓高的金絲籠裡失神徘徊，你選擇在咖啡館裡安身立命，全心全意，用文字另闢一個海闊天空的新天地。

游移在城市的咖啡館，妳從來沒有和文字如此親密相依。妳有足夠的理由相信，因緣際會，陰錯陽差，在雅加達的咖啡館裡，會是妳與自己最貼近的一段奇異時光。

19

印尼足球瘋

我們家這棟大樓在雅加達蘇卡諾運動場的旁邊，這陣子東南亞足球錦標賽風靡整個印尼，我們就在第一線上。雖然我實在搞不懂其中曲折難懂的遊戲規則，也分不清楚究竟誰輸誰贏，可是我確實親耳聽著從球場傳來歡聲雷動的巨大聲響，也近距離的看過賽後滿天施放的慶祝煙火，還有幾個夜裡被群眾的喇叭聲響弄到快要神經衰弱。球賽就發生在這麼近的地方，好像漸漸跟自己也有了一點關係。

後來聽說印尼隊這次表現得好極了，連勝了幾場，觀眾興奮到幾近瘋狂。我發現每一次比賽，大樓下的人潮車潮越來越可觀，幾萬名觀眾進場前，外面交通一片混亂，退場時從窗口往下望，天啊一大排閃著車燈的長長車陣，可能得持續到半夜才消化得完。還有幾次我們剛好出門遇到正要離場的群眾，遇見許多年輕人

坐在或站在疾駛的公車頂上，敲鑼打鼓high到不行。看到那種危險的景況，我們沒有感染到興奮的氣氛，卻是替他們嚇出一身冷汗。

我發現印尼人的性格裡有一股天真的熱情，那是可愛和危險的綜合體，我們外人有時很難理解。

前幾天我們在馬來西亞度假，在吉隆坡的新聞上看到印尼和馬來西亞在當地對決的報導，比賽結果印尼隊輸了，可是群眾懷疑地主隊的球迷用奧步對付印尼隊的守門員，他們群情激憤連印尼總統都跳出來大表不滿，竟有引發兩國爭端的趨勢。我看著報導一頭霧水，不能明白，這兩國足球場上的恩怨情仇究竟是怎麼一回事。

我們以為比賽就此落幕，結果回到雅加達的隔天一早，我開車穿過運動場公園準備去對面的咖啡館上工寫字，沒想到迎面而來竟然是一輛一輛的裝甲車還有一輛一輛的警車，而公園裡已經聚集了許多穿著紅色衣服的群眾，還有，天啊又來了，那一陣一陣穿牆而過、不絕於耳的喇叭噪音。

我實在很好奇，在星巴克櫃台前等咖啡時忍不住問了人，那裡到底發生什麼事呢？那小姐一邊煮咖啡一邊懷疑的看著我說：「今晚是印尼和馬來西亞的冠亞軍決賽呀，妳不知道嗎？」

啊？怎麼又是印尼對上馬來西亞？而且，這也太誇張了，比足球比到連鎮暴部隊都出動了！接下來一整天，直升機在附近轉來轉去，樓下廣場搭起了大幅螢幕，紅色的人潮像螞蟻一樣越聚越多，我從陽台往下望，剛好看到一長排警車閃燈鳴笛穿過公園，然後四面八方的人潮突然之間像是湧動的海浪一般，一波一波推過去全擠到了警車旁邊，啊，我知道了，那裡頭坐的一定是生氣了要來復仇的印尼總統。

七點要比賽，可那廣場上從下午就擠滿了人，我準備好相機蠢蠢欲動，我想去看看他們究竟在做什麼。剛放學回家的兒子聽到我要去照相，一臉驚慌的阻止我，「那很危險欸，妳不准去！」

後來我煮好飯，趁著他不注意的時候，偷偷抓了相機往樓下跑。還沒出大門我就決定往回走了，不行不行，我得回家去換好衣服才出門，因為眼前全是一片紅海，我一身白衣藍褲，要是一不小心那剛好是代表馬來西亞的顏色，豈不被當成敵軍給一把轟出來嗎？我快跑回家，對著衣櫥翻天覆地找出一件紅上衣胡亂穿上。才要再度溜出門，丈夫剛好下班走進家門，他自告奮勇願意當我的隨身保鑣，只見他換了一件灰色T恤就要走人，我連忙要他去換件紅衣服。他老兄很耍寶的挺胸說：「看吧，我這上面大字寫的是Jakarta（雅加達）啊，有什麼問題嗎？」

很好笑，只是去湊熱鬧，卻搞得好像要身陷前方去刺探軍情，一副驚險懸疑的模樣。

走入廣場，咚一聲立即掉進紅色的人海裡。廣場上聚集的是等著看現場轉播的民眾，他們歡欣鼓舞期待著勝利時刻的到來。比賽都還沒開始，已經有許多人跳上公車揮旗吶喊，還有人快樂的跳著舞，氣氛很像嘉年華。再走近一些，連賣包子賣飯盒賣水果的小販都來湊熱鬧，還有些家庭一字排開就地野餐，好個快樂的東南亞足球錦標賽。我暗自忖度著，場外都已經熱鬧成這樣了，那場內進場的七萬名觀眾，該是怎樣沸騰就不難想像了。我抓著相機到處拍照，群眾們都很友善對著我的鏡頭咧嘴而笑，我恰恰恰的按下快門，心裡忍不住想，一場球賽可以帶給他們這麼大的快樂，印尼人民不折不扣真的是個樂天的民族。

球賽正要開始，滿場亂鑽的我很快就被隨侍在側的貼身保鑣給押回家了。心不甘情不願，我其實有點不過癮，真想留下來看看待會兒這個場子會沸騰成什麼難以想像的模樣。

結束馬路記者的工作之後，我們回到家立刻收看電視轉播，有趣的是我們窗外就有現場即時收音，幾萬觀眾的吶喊聲、尖叫聲、惋惜聲、歡呼聲完全如實的配合著電視畫面從樓下傳送過來，這是另一種身歷其境，這樣的經驗從來未有，特別極了！

比賽結果印尼小贏馬來西亞，可是依據全數戰績還是把冠軍寶座拱手讓他，真可惜。倒是比賽結束之後觀眾們平和的漸漸離去，一早就來坐鎮的鎮暴部隊納涼一天完全沒有派上用場，一場原本還有爭議的比賽可以這樣理性的收場。對印尼人民來說，那其實是跟贏了球賽一樣值得驕傲的事情。

20 我的散步路線

美國的好友在臉書放了一張照片。小方格裡，綠油油一片彷彿掐得出水，上頭有樹有草有小徑，看得出來還有一份悠閒。我對著那片氤氳的綠，深深的吸一口氣，雖然遠隔千里，我也感受到有一股新鮮沁涼的空氣充盈其間。

好友為相片下的標題是「我的散步路線」。我好奇打開相簿一看，令我艷羨的散步路線還有綠色世界裡的小橋流水、群鴨戲水，我一張一張慢慢的欣賞。是感動還是感慨呢？我的心情千頭萬緒，說不出的複雜。

有人上去留言，一看，是我另外兩個分居美國不同城市的好友，她們都說在她們所居的城裡也各自擁有類似這樣的散步路線。我不自覺的嘆了一口氣，身邊沒有誰，這一口氣只是嘆給自己聽。

住在雅加達快要滿兩年了，我越來越想念一種自然的生活。我想要肆意的走路，能走多遠就走多遠，我渴望隨心所欲的自由，想去哪裡就可以去哪裡。我思念過往曾經有過的所有的散步路線。

和丈夫兩人住在牛津那一年是漫長散步史的最起點。年輕自然是最大的本錢，二十幾歲的我們在數百年的老城裡四處晃蕩，從這個學院走到那個學院，路很長風很寒，可好像沒有疲累的時候。年輕有力的雙腳走到哪裡，風景就到了哪裡，記憶裡的地圖也就延展到哪裡。前幾年我帶著孩子們偷空回一趟牛津，一路上只聽見我哇哇大叫，啊那路那牆那河，那全是我走過的地方。我拖著孩子們東南西北把老城走了一圈，七零八落的把當年的散步地圖拼湊回來一點點。但更遠更深處的大草原、長河堤與黃土徑，竟是怎麼樣也尋不到了。

孩子小的時候我們在洛杉磯，年輕的爹媽常常推著嬰兒車在住家附近散步，社區裡每一棟房子都好美，每一家的庭院都別有特色。我們一邊走路一邊和嬰兒「聊天」，不時停下來蹲下身，用手一指說：看哪那是樹樹，那是花花，那是鳥鳥，那是即將向妳迎面而來的新世界。

我也帶娃兒們去各個公園花園植物園散步，隨意挑一個說走就走，反正都在車程幾分鐘的地方。空曠雅緻的園區是親子的快樂天堂，我牽著剛剛才開始蹣跚學步的小娃，或是追著四處亂竄的小孩，走一段蜿蜒的長路，那中間有花草芬芳有蟲鳥鳴唱，有媽媽和幼兒的軟言軟語，那是一段我永遠不會遺忘的幸福時光。

回台灣住在北投的時候，我們把陽明山當成後花園。孩子們放假或早早下課，我興致一來喜歡開車帶他們上山，路途不遠，走小路拐山腰很快就可以到達後山。下了車去哪裡呢？在大屯自然公園閒晃看湖光山色，到竹子湖採海芋，要不走遠一點走到擎天崗看水牛。芒草季節的時候，過路的草長得好高，風一來幾乎要把一行走路人埋藏起來，隱匿無蹤。

我們還喜歡去關渡的台北藝術大學。走一段上坡路，在優美的校園亂晃，最後在臨高處喝一杯咖啡。孩子們很快便消失不見，他們四處去探險，在如畫的校園裡玩躲貓貓，藏在某個琴室外頭偷聽學生練琴，或是在靜謐優雅的書店裡埋頭看書。而我，總是守著戶外高台上的那杯咖啡，安坐傘蓬下，看著天空雲影無聲的變化，享受自然寧靜的美好片刻。

住在比利時那三年，我的散步路線更廣更長了，怎麼說都說不完。光是從家門走到小鎮上的這一段小坡路，就是我們最家常的散步路線。天氣好的時候我喜歡捨車就足，快步往下走。經過許多美麗的房子，流連許多別緻的花圃，走往街上買菜買肉買麵包，再慢慢的走回家。每個周末清晨孩子們還在賴床，我和丈夫總是開了門，沿著未醒的長街走下去，說說話看看花，去鎮上喝杯咖啡，吃個可頌麵包，最後在腋下夾根熱呼呼的法國長棍麵包，再回頭，慢慢往回走。

那樣的路線只是尋常的其一。在我的歐洲回憶裡，我們似乎總是不停的在走路，春去秋來四季更替，生活的背景彩色的黑白的一幕換過一幕，而我們的腳步卻也沒有停歇的時候。

像我這麼愛走的人，在雅加達竟至逐日失去散步的興致。這城，高樓林立，車陣綿延，該到哪裡去盡情的散步呢？我唯一想到的散步場域是每個豪華大Mall，寬敞乾淨還有超強冷氣，走累了隨時可以停下來喝杯咖啡吃個甜甜圈。路程很高檔，步調很優雅。可惜，那不是我想要的散步路線。

我想要散步時有陽光有微風有小雨或羽毛一般的細雪；我想要四周的大樹和小草在清新的空氣裡輕輕搖晃陪著我深呼吸；我想要經過長長的街道小小的巷弄錯

落的屋舍，找尋一朵攀牆而出的花朵；我想要任由我的心長了翅膀，引領著我的雙腳，帶我去最遠最自由的每一個遠方。

在雅加達，有些簡單的想望卻不是那麼簡單，如果你可以想像那些人車紛雜的道路，破碎不全的人行道，令人掩鼻的空氣，於是你也可以想像，並不是你想走路就有路可以讓你自由自在的走。

在這城住了兩年之後，我漸漸遺卻了昔日的散步熱情，而且，我變得越來越宅。除了一星期一次的超市採買之外，我常常在家裡窩一整天，在二十幾層的高樓煮飯洗衣整理家務，對著電腦寫稿，看著台灣衛星電視《夜市人生》的重播，聽著丈夫從中國城尋來的盜版音樂，有一次還拿著麥克風一個人對著電視螢幕唱了三個小時的卡拉ＯＫ。

有時候，我不免有一種遭到軟禁的小錯覺。

還好我不覺寂寞，因為有這種感覺的外來客並不稀有。我不只一次聽見外國友人不約而同用「Golden Cage」這個有趣的名詞來形容他們在雅加達的生活。金絲籠，他們住在黃金打造的牢籠，富麗堂皇高高在上，可是他們飛不出去，失去了自由翱翔的能力。

我們所住的大樓稱不上是金絲籠，不過卻比其它人擁有多一點點難得的自由空間。這棟大樓很有年紀了，建築與設備都已經頗為陳舊，可是它恐怕是雅加達市中心佔地最廣，也最有綠意的一個社區了。何其幸運的，在這裡我保留了一條私密的也是唯一的散步路線。

住戶大樓和另一端的飯店大樓共享一個大園子，裡邊錯落的種滿各種熱帶樹木，有碩大如傘的鳳凰木，高挑如梯的椰子樹，中間還夾雜著各式各樣的果樹，以及許多我叫不出名字的長綠植株。這園子裡沒有冬天，四季都是一樣的景緻，一樣的顏色，只見深深淺淺的綠沒有經過太多安排的矗立攀爬，完全是東南亞慵懶不拘的情調。一大清早，太陽剛出來的時候，穿樹踏草，迂迴的走上幾圈，這是我家老爺例行的散步路線。

一條近在身邊舉腳可得的散步路線，是他的，可，不常是我的。

七點，孩子們出門以後，丈夫會來喚我，說：「我們去走走吧！」我的答案通常是：「謝謝了，你自己去吧。」

為什麼不呢？探窗望出去，從清晨的高空往下看，如果又是灰濛濛一片，那我出門的衝動就會被髒污的空氣吹熄了一半；另一個情況是，如果這天的艷陽已經

趕早來到，我出門的意念也會被騰騰的熱氣大打折扣。其實最多的時候，我的理由無它，就是懶，就是宅。不過那人不會太早放棄說服我，他一直說一直說，拗不過他的時候，我勉強換了衣服，小媳婦一樣，負氣般跟著他的身後走。

於是開始我們的散步。從二樓出來，穿過游泳池，和數年如一日起早晨游的鄰居說聲早安，波光粼粼中，我看見他掛著水珠的笑臉在陽光下閃閃發光。下樓梯走過網球場，已經有好幾個日本太太和印尼教練嘻嘻哈哈的打網球。再往前，幾棵參天的鳳凰木站在小徑的起點。走下去，綠色草地盡頭處的大樓群漸漸退去，我們隱沒在一個都市叢林裡的幽隱秘境。

綠色的樹，綠色的草，綠色的矮叢，沙沙沙從身邊經過，我們沿著園子的邊境快步走，在每一個撞到盡頭的角落轉個彎，繼續走，在每一個小徑交叉處做個選擇，繼續轉彎繼續走。我們一直在園子裡繞圈圈，一圈過了又一圈，有的時候庭院深深蟲鳴鳥唧，你幾乎要忘記正在雅加達，可有的時候沿著外圍走，那樹叢之外摩托車萬馬奔騰就在一線之隔，你知道自己終究還是就在雅加達。

老實說，有時候我覺得我像一隻幸運的豢鼠，踩著輪圈拼命跑，在一個Golden Cage裡面。為什麼我遲遲沒能成為丈夫每天清晨忠實的散步伴侶呢？我猜，或許正是這幅私藏在心中的畫面，隱隱的，戲謔的，看著我。

那天丈夫要出門散步前，我把臉書別人家的散步路線秀給他看，千言萬語什麼話都沒說。看完，散步男摸了摸宅女的頭，了然於胸的推了推她，說：「走吧，去走走。嘿，這位女士，在這裡，有這樣的大院子可以散步，要偷笑啦。」

是啊，是要偷笑了。在這座大城裡，能夠偷得一塊園地快意行走，我難道不是一隻幸福的黃金籠中鳥嗎？我難道不應該要心滿意足了嗎？

21
宅女

住在雅加達第三年，我越來越宅了。

這個學期開始，孩子們從法國學校轉學到一所英語的國際學校。學校位在雅加達城外遙遠的另一端，更遠的距離加上更擠的車潮，孩子們的上學之路變得更加遙迢。為了避免來回四趟的車行勞頓，我們索性讓司機留在學校一整天，等候孩子們放學。司機被留在學校了，而我被留在家裡了，沒車沒司機，我一點都不想出門，只想窩在家裡，一日宅過一日。

兩年前剛搬來時活蹦亂跳的闖盪熱情早已經消失無蹤，我變得很懶。其實，就算先前還有司機隨伺在側的時候，除非必要，我不輕易出門。而且就算必要出門，我的路徑通常了無新意，我猜要是我不下指令，我的老司機也會知道我的下一站該是買菜買肉或是買水果的什麼老地方，他隨便開開肯定也是八九不離十。這樣的我很像是一隻被圈養的牲羊，可及的青草都被我啃光了，可見的風景都被我看盡了，縱使圈外的世界一定還很寬廣，可是我選擇乖乖的安分的待在原地，哪兒也不想去。

本來只是缺乏衝勁與熱情，現在可好，連車和司機也沒了，理所當然，我哪兒也去不了。成天賴在二十幾層的高樓，我在與飛鳥齊高的一塊領土上，晃過來晃過去，洗衣洗碗煮飯燒菜讀書寫字發呆看電視。一晃眼，太陽從這邊換到了那一邊，孩子們回家了，丈夫回家了，而我竟然一整天沒出家門一步，沒和另一個人說一句話，最令人驚訝的是，我竟然也坦坦蕩蕩心安理得，沒有一點虛空與不安，也許還有點自得其樂。

完了，這就是傳說當中那種百分之百純粹原汁如假包換的宅女吧？

想不到我這麼愛跑的人也有這樣的一天。住過那麼多城市，只有雅加達有這種魔力把我乖乖的栓在家裡。以前在比利時下大雪開車像烏龜在爬我都還忍不住要出門冒險，更別說那些春暖花開風光明媚的時候了，孩子們上課中間，我可能已經風火輪的跑了一趟德國奔了一趟荷蘭繞一圈回到了家。在台北，我也很過動，孩子們前腳進學校，我後腳踩了油門一路飛奔，過淡水經三芝抵萬里貪看一路美景。現在，別說出國了，別說出城了，我連出門也沒有。

你如果要我說出個理由，那恐怕就是天時地利人和環環相扣把我領到了宅女的這一頭。之前我幾乎天天早起出門，到大樓後頭的健身房報到，什麼有氧街舞瑜珈每課必上。誰知道跳得正起勁，開張二十幾年的健身房居然關門大吉。還有，本來我們幾個鄰居星期三早上都要出城打場羽毛球，結果隊長意外搬到莫斯科，其他隊友一哄而散，再也沒有誰揭竿而起繼續下去。好吧，不為這些休閒娛樂出門，好歹也要為買菜出門吧？結果現在連車帶人都遠在car call不到的地方，我一想到坐計程車就頭昏，一想到塞車就投降，拖拖拉拉東猶豫西躊躇，唉呀怎樣都出不了家門。這輩子沒有宅得這麼徹底過，而且還沒有一點罪惡感，這一點都不像是我的作風。

好在我也有天良未泯的時刻，有時候家裡冰箱真的空了，錢包真的塌了，我一定乖乖去超市去銀行，絕不會放任自己是個不負責任的頹廢主婦。不過我不坐計程車，我走路。

找一條走得到的路，頂著烈日出門去。我最經常的路線是穿過運動公園的那一段，走到離家最近的商場。那路上，四周恆常罕見人蹤，我一個人沿著大樹的傘蔭下，迂迴周折的對著斜角大步走去，大喇喇大嬸模樣。偶爾擦身而過的當地人有時候抬眼瞄了瞄我，也沒有誰對我感到興趣。雖然走著走著，以前長輩們好心的叮嚀也會三三兩兩浮上心頭，可是我仗著歐巴桑的唬人姿態，傻膽橫生，倒也沒有真正害怕過。

一段自由的路，成了開啟宅女大門的唯一鑰匙。這段路，陽光通常是炙熱的，可是樹蔭下的風總是涼爽的，影子在長路上總是亦步亦趨跟著我，教我一點也孤單。我享受自由自在的放風時光，它讓我確定我的宅女生涯沒有遺世獨立得太過誇張。我開始懷疑，是否唯有這樣的城，才得以成就這份難得簡單的生活？

我的印尼生活已邁入第三年了，在心態上我有了很大的改變。我決定不再花費心思去仔細算計生活裡大大小小的不適應，也不再因為沒有答案的文化差異和自己過不去，以前那些直讓人跳腳的教人捶心肝的奇人異事通通放它一馬，我的印尼生活已經開始倒數了，我不想浪費時間在無謂的抗爭上，與這塊土地的文化差異和平共處成了我的最新哲學。所以，就算有千百種稀奇古怪的理由把我宅在這座大城上空的某一端，我也心平氣和，沒有籠中困獸的滿腹牢騷。

唯一擔心的是宅女久了難保不會變成懶女？這可不是我樂見的下場。因此縱使我的蝸居生活還算輕安自在，過了一段渾沌樂活（當然囉，也是一事無成）的時光之後，我還是有了破繭而出的念頭。

山不轉人轉，那就乾脆跟著上學去吧。早上起個大早和孩子們一起出門，到了學校孩子們揹著書包進教室，老媽子揹著電腦喝咖啡，從此之後，學校大廳的咖啡座成了我另一個安身立命的新位置。

出門了，那表示我的宅女生活就此告一段落嗎？好像也沒有。放眼望去，空蕩蕩的咖啡室常常唯我一人，八個小時的漫長等待，喝喝咖啡寫寫文章打個瞌睡發個呆。偶爾中間下課時擁進來一群學生，嘩然一場，然後上課時間到了又嘎然而止。再不就是兒子會趁著下課十分鐘，過來拍拍我的頭，陪我坐一下旋即離開。算過來數過去，哎呀我終究還是一個人。

雖然換了地方，我好笑的發現，我竟然還是宅。雅加達這城，果真是宅女的樂土一片。

22 吃心瘋

當體重機上猛然出現十幾年來未曾出現過的超低數字，她自己都嚇一大跳的對著空氣喃喃自語：「啊是瘋了喔？」

是瘋了吧。自從兒子翻箱倒櫃幫她找出印尼的土產臭藥丸「NORIT」，並端來開水親眼盯著她如數吞掉（七八顆黑嚕嚕跟吞炭一樣）。超神奇的，隔天，她跑廁所的次數馬上從十次銳減到一次，原來，印尼的細菌還得靠印尼的土藥來醫，這場莫名其妙的腸胃炎就這樣被一把小黑丸劃下莫名其妙的句點。

不過別高興得太早，事情沒那麼容易。她雖然少跑了九趟廁所，可是唯一的那一回還是直瀉千里無法挽回。而且，她發現她的肚子鼓脹如三月孕婦，裡頭飽脹著空氣，並且以洗衣機的節奏來回翻攪，她敲它，咚咚咚，彷彿敲著一只牛蛙大肚皮，悶響如雷。

她了無食慾，縱使飢腸轆轆，她什麼也吃不下。

丈夫可憐她病懨懨模樣領她去吃飯，說日本菜韓國菜義大利菜任妳隨便挑。她胡亂挑了一個，動筷動叉隨變挑撥幾下，胡亂沾了幾口，就停了，支著肘看著對面那人吃，弄不清楚這頓飯究竟是誰陪誰？

餓，但是不想吃，這種感覺有點熟悉。她想起來了，十幾年前某個英國的初春，氣溫還在上下高低的猶豫著，雪將去未去，花將開未開，世界躊躇在一個模糊的交界，而她也恰巧是那樣，站在女子和母親的交界上和體內怪異的賀爾蒙拉鋸拔河，無所適從。

有天清晨她醒在宿舍的床上，晨曦和鳥鳴迅速的從四周淹上來，她溺在床上征征的發著呆，身邊那個即將為人父的、還沒意會過來該怎麼招呼害喜孕婦的丈夫，誠惶誠恐畢恭畢敬的伺候著：「請問，您早上想吃點什麼呢？」

「我要吃碗粿！」說完這話，她賭氣的掩面哭了起來。

虛弱的身體會被虛弱的心緒牽著鼻子走，這一走，千山萬水不知不覺就走回了家門口。想吃而吃不到，這恐怕也是她此刻的心情。

拉透了卻又補不回，她的氣力被一點一滴拉扯幾盡。終於有那麼一刻，一樣的晨起，她爛泥的躺在沙發上聽著肚子裡的空氣咕咕的響，突然想起了家鄉小鎮新市場邊邊的菜粽攤，想像著，妳把熱騰騰的粽葉扒開，糯米的香氣立刻衝鼻而來，妳看著密密麻麻的大粒花生端立其間，淋上一瓢醬油膏，灑上一匙花生粉，張開嘴咬它一口，再配上一碗燙口的味噌清湯，啊，她竟然口水都要滴下來。

白天，家人都出門了，她繼續賴在沙發上，一不小心隨即沉沉睡去，她放任電視還在一旁兀自播放，迷糊之間她睜眼醒來，剛好瞅見小鎮好吃到爆的鱔魚意麵正在故鄉的美食頻道上滋滋作響，啊，她又嚥了一口口水。

雅加達的各式餐廳多如牛毛，吃都吃不完，可是她想不起來想吃哪一樣。她做飯給孩子吃，清淡的油燴的，雅雅緻致擺上桌，她脫了圍裙擲了鍋鏟，又把自己摔回沙發老位子。沒食慾，她什麼都不想吃。

偏偏這時台南的大姊正在臉書上大肆放上她的美食地圖，什麼歸仁黑輪小攤、清明節潤餅大餐，她看得牙癢癢，忍不住在可愛姪女大快朵頤的照片下一律寫下「粉討厭」的嚴正抗議。她自討苦吃傳簡訊問大姊：「阿你們吃什麼澎湃的呀？」大姐白目無比的回傳：專程去七股買的螃蟹、鮮蝦、花枝，還有蛤蠣湯以及烤鴨三吃……

啊！

她一點都不想吃，可她又想吃到發瘋。

不只她，還有兒子。當她拉肚子拉到強弩之末，兒子湊熱鬧也來發高燒，陪她在家窩了兩天，在客廳裡各踞一座沙發，唉唉叫。有一回，體溫計上都破三十九度，兒子紅咚咚著臉跟她說：「媽，我突然想吃一樣東西，可是我想不出來是什麼？妳可以幫我想嗎？」

她無言瞪他一眼，接著他自言自語地叫道：「啊，是豆花啦，北投豆花伯的豆花啦！」

拉拉停停，燒燒退退，她覺得自己不清不醒一切都亂了套，然後，這當口，她莫名其妙犯了暈眩。她不能隨意轉頭動眼改變姿勢，要不然她會瞬間落入海裡，載浮載沉茫然一片。她走起路來像是太空漫步，還覺得頸子後頭有人扯著她，一直往下拉往下拉，拉到影子裡，分不清哪個是人哪個是影，哪個是假哪個是真。

沒完沒了，她又躺了兩天。躺到真煩了，她傳了簡訊給大姊，
她說：「我最近超倒楣，先是感冒然後拉肚子，現在又暈了。」
大姊說：「可能回來台灣就會好。」
她坐直腰，突然失心瘋的沒有逗號的在手機傳出一大串菜單：菜粽鱔魚意麵鹽酥雞潤餅豆花臭豆腐螃蟹紅豆餅芋頭糕米粉羹火鍋檸檬點子綠……
大姊的回覆很簡單，只有四個字：肖嘎這款！
是啦，她承認啦，她哪裡只是失心瘋，
她呀，根本就是吃心瘋。

23 夜半驚魂

凌晨十二點，我被一陣突如其來的奇怪聲響吵醒，猛然坐起，暗夜裡四周一片漆黑，來自客廳的巨大聲響還在詭異的持續著。丈夫外島出差去了，孩子們已經睡熟了，我趕緊起身，出去探個究竟。

聲響是從大門傳來的，似乎有人正在門外拉扯著門把死命搖晃，想要破門而入。我摒住呼吸，小心翼翼開了玄關的燈，從細小的門孔往外看。這一看，我驚嚇不已，倒退三步，摀住胸口，心臟碰碰碰碰摔個不停。

嚇死我了，門外有個印尼男子，手裡拿著什麼東西，張著一雙虎虎的大眼，頭大身小比例怪異的縮在圓孔裡，直直瞪著我！

這究竟是怎麼一回事？三更半夜哪來的陌生男子正在試圖硬闖民宅？我不敢隨便開門問個究竟，任由那粗暴的聲響一聲催過一聲還不停歇。

我趕忙打電話給樓下警衛。鈴聲響了半天，怪怪，都沒人接。我心裡慌亂的猜測著，是怎樣？難不成警衛已經被一幫匪徒給事先解決了嗎？

躡手躡腳我又回到大門邊，瞇著眼睛湊著門孔，想要看個究竟。那男子往回走了幾步又回過頭來，不死心的繼續拉扯門把，匡噹匡噹轟隆轟隆，就算是銅牆鐵壁這門恐怕也要不保了。我想看清楚他手上拿著什麼東西，天啊該不會是斧頭吧？這個念頭嚇壞我了，忍不住失聲大叫兩個孩子快快起床，可那小姐少爺睡得正熟呢，完全不理會我。

大膽如我，竟也驚惶到手心冒汗微微發抖。暗夜裡和一個莽漢隔門而立，我完全沒辦法想像下一秒鐘這戲將會怎麼演下去。

這幾分鐘，我的腦海裡迅速閃過幾個畫面。兩年多來，我身邊的朋友當中，曾經有人下班後走路回家卻半途遇劫，被迫交出身上所有財物。有人搭上當地小巴遭到車上匪徒洗劫，最後兩手空空倉皇逃離。有人夜間行車，眼見斧頭幫拿著利斧四下穿梭找尋獵物，若有不從，斧頭當空劈下，不僅傷財恐怕還要傷身。有人因故解雇司機，司機竟然獅子大開口敲詐大筆遣散費，揚言倘若不付，哼哼，我的兄弟可是黑白兩道，隨時伺候。

別光說別人，我自己，在車水馬龍的夜街上行走，遇上惡賊飛車搶劫，連人帶包摔個四腳朝天，就算全身是傷也無處投訴，只能拍拍屁股站起來，攔輛計程車落荒而逃。想到這些，我不能不感到害怕，因為我不確定門外那個面露兇光的陌生男子會是其中的哪一個？

這個凝結靜止的片刻，我心裡有份埋伏的恐懼源源不絕的傾巢而出，而那是我自己都沒有預料到的激烈反應。

平心而論，一般的印尼人友好而和善，他們總是面帶笑容，那笑容不只是微笑喔，而是一種瞬間露出整排白牙的天真笑臉。僅管你是素昧平生的陌生人，他們也都不吝於表達他們的友善，更不用說是那些出現在你生活周遭的工作人員是怎樣的讓人感到賓至如歸。在這裡住上一段時間之後，我已經習慣了隨時笑咪咪的印尼人，一回到台北反而還有點不習慣。其實對外國人來說，台灣人已經是公認的友善和氣了，可是比起印尼人居高不下的微笑指數，還是略遜一籌。

我喜歡這樣的印尼人民，我享受這塊土地上充滿笑意的和善氣氛。可是，像這樣笑臉迎人的印尼人，很難想像，在某些時候，某些人，可能一線之間變成另一種完全不同的模樣。

蘇東先生為我上了第一課。他平日是個好好先生，笑起來像個孩子一般，教人對他沒有任何防備。可是那一回他突然人間蒸發好幾天，我們不得已找來新人替代，幾天後他卻又若無其事回來要求繼續上工。當他發現我們已經另聘高明之後，惱羞成怒瞬間變成一個我們完全不認識的人。他要賴坐在那裡，神色冷漠，雙目含怒，提出相當唐突的賠償金額（奇怪了，究竟是誰的錯），還警告我們小心喔他可是認識許多有頭有臉的人。後來我們請了另一個年輕司機阿里芬，他平常也是憨厚有禮，咧嘴大笑的時候總是露出兩顆缺角的大門牙，看起來滑稽而逗趣。可是他開車上路火氣很大，稍有不順就要下車找人打架，我們曾經三度被他大力甩門之後，砰一聲留在車裡，張大嘴巴看他下車和人幹架，嚇到說不出話。我怎樣都不能理解這人怎麼翻臉跟翻書一樣，笑與怒僅僅只有一線之隔？後來他以借錢作為要脅，說不借他錢隔天他就不來上班，我們將計就計順勢遂了他的心，請他不用客氣真的不用來了，要不還真的不知道該怎麼和平移開這顆隨時可能會瞬間爆炸的定時炸彈。

之前曾經聽前輩們說過，別激怒印尼人，他們愛面子，自尊心很強，有些人翻臉起來會讓你嚇一跳。尤其是那些經歷過排華暴動的長輩們，他們曾經謹慎而凝重的告誡我們，日常生活裡要心存警戒，不要輕忽安全的考量。他們說這話的時候，口氣裡隱隱帶著的恐懼，和他們富裕悠哉的生活情調很不搭襯。一開始我乖乖聽著，雖然理解但是無法真切體會。後來，漸漸的，聽到一些，遇過一些，慢慢有些懂了。

就如此刻，夜半，我家大門還在前後晃動隆隆作響，門外那名粗魯莽漢還在胡攪蠻纏，我一個人站在門的這一端，恐懼，深深的恐懼把我緊緊抓住，不由得我掙脫喘息。

後來那人終於放棄離開，一邊走一邊還大聲嚷嚷說些什麼，接著我聽見電梯叮的一聲把他帶走，才稍稍放下心來。可是我還是不敢開門探看，就怕外頭還有什麼潛伏的危機尚未解除。

十分鐘後，我終於和樓下警衛通上線。他萬分抱歉的跟我解釋，剛剛有些東南亞運動會的運動員入住進來，有人，走錯房間了！

走錯房間？天啊這也未免太誇張，三更半夜居然因為走錯房間險險就要把人家的房門給拆了？

烏龍一樁，虛驚一場。一番折騰之後我躺回床上，久久無法入睡。剛剛門孔裡那雙瞪大的雙眼還在暗夜裡炯炯盯著我，讓我無能安歇。

更教我無法入睡的是，為什麼我的害怕會如此強烈而巨大？在安居樂業的繁華城市生活底下，為什麼我的恐懼會如此一觸即發？明明只是一個外地莽漢的無心之舉，我卻像是驚弓之鳥，驚嚇到丟了心魂失了頭緒？

無虞的日子，暗暗埋伏的驚慌，平和的生活，隱隱躲著憂慮。我們在雅加達即將住滿三年了，這猶原是盤根錯節始終解不開的一道謎題。

印尼排華運動

一九六五年蘇哈托政變後，試圖將華人同化至印尼社會，並實施一連串的排華政策，因華人經商的成功讓他們在印尼普遍不受到歡迎。在展開整肅共產黨大屠殺的同時，印尼境內也掀起大規模排華浪潮，上萬華僑被捕、被搶、被屠殺、被強暴，華文學校被迫關閉、華文媒體被取締、限制華人向國營銀行貸款，許多華人被迫改用印尼姓，連中國傳統節日都不得慶祝。到了一九六九年，蘇哈托政權甚至廢除與中國簽訂的雙重國籍條約，導致有八萬名的華人喪失印尼國籍。

在蘇哈托垮台前夕，排華運動仍不斷進行，此排華運動在一九九八年的「黑色五月暴動」達到高峰，該年五月十三日至十六日，在蘇哈托政權的暗中策劃下，華裔社群在許多城市遭到有組織的虐待與屠殺。暴動持續約三天，數萬名華裔受到有組織的虐待與殺害，共計一千兩百五十名華人死亡，上千名女性遭到性侵害。

排華政策直到蘇哈托政權垮台後才逐漸改變。哈比比總統於一九九八年五月上台後，即刻取消與華人相關的特別法規，六月華人團體便開始組織「印尼中華改革黨」，企圖介入印尼政治事務。到了二〇〇四年印尼舉辦中央與地方議會的選舉，共計有三百多位華裔候選人參加此次選舉，為印尼獨立以來、華人參與印尼政治事務的積極表現。

24 只是無奈而已

近午十一點。

坐在移動緩慢到幾近停止的車子裡，我冷眼看著車窗外的這一切：龐雜綿延的車群，四面八方竄出的摩托車，隨時就地停車、任意乘客上下的小巴，大手一檔橫越馬路的各方過路人，以及馬路中間佔掉一大塊面積的高架橋施工工地。

亂世呀，我在心裡跟自己這樣說。安坐在這一段遲遲達不到目的地的中途半路，我面無表情，不著急不生氣，我只是無奈而已。

這個早上我要去看醫生，上午十點四十五分的約診，我十點從家裡出發，如果不塞車，還有如果你和司機心氣相通沒有雞同鴨講的任何情況發生，那是十五分鐘可以到達的地方。但一個小時之後，果不其然我還在車上，因為這兩個「如果」我都沒遇上。

當然塞車。這沒什麼稀奇，不過沒關係，我家司機是老雅加達了，什麼地方他都知道怎麼抄捷逕，剛剛我上車他連醫院地址都沒看就連口說知道知道，隨即埋頭往小巷裡拼命去鑽。我看著那些沒走過的路，心中竊喜，這人可真靈光，得好好跟丈夫誇誇他。

果然在看診時間前十分鐘他順利把我送達，問題是，那不是我要去的地方。急如驚風趕忙把他喚回來，連追問他為什麼弄錯的原因我都沒勁，只顧著問他：「遠嗎？」

他又連口說：「很近很近。」

可是很久過去了，我還在很近很近的半途。

我是真的沒生氣。在這城市住久了，面對這種沒法掌控的生活節奏我已經習慣了。車外的交通糾結不清，車內的溝通渾沌未明，有什麼是可以確定又有什麼是可以掌控的呢？在雅加達這城，真難真難。

大家都說這裡一天頂多辦上一兩件事，光耗在像口香糖膠著的塞車上，有如橡膠般彈性伸縮的辦事態度上，你就處處吃鱉無能為力。

沒關係，那就大家一起來打混吧。反正我也不急，雖然護士明明跟我說十點四十五分之前一定要到，可是我知道那中間肯定有個模糊地帶，我大膽假設，只要十一點半到，醫生一定還在。

十一點十五分我走進醫院，看吧，醫生還在，而且沒有誰跟我提起先前斬釘截鐵的十點四十五分這幾個數字。

無所謂了，反正我人到了，終於可以解決我拉肚子拉得很慘這件事。

醫生溫和的問我：「妳來多久了？之前沒拉過嗎？」

拉拉拉，我一天到晚都在拉，我的消化系統因為沒膽而變得很敏感，再加上這裡水質欠佳，我每次在外用餐之後很容易拉肚子，沒什麼稀奇。不過這次情況比較特殊，噁心水瀉腹痛畏寒樣樣都來，我懷疑我會不會是因為負了餐廳的那杯冰水因此得了什麼蟲或是有了什麼菌，我決定，還是乖乖去檢查一下比較好。

醫生人很好，說話不疾不徐，可是我感覺他的白袍下隱約有著一股趕路人的不安氣息。介紹的朋友說這醫生下午的診是在城的另一端，想那外頭的交通，我猜我該是他趕路前最後一個匆忙的患者了。

初步問診之後，醫生拿著一個裝有小圓盒的袋子，要我去收集檢體，他說半個小時就有結果。護士領我去洗手間，跟我說等我完成，只要把角落的一個小窗口打開，把袋子放進去，就可以了。

我站在裡面，瞅著那個好像隨時會有人從另一頭推開的小窗口發呆半晌。經過塞車找路的半天折騰，我似乎已經忘記拉肚子這件事，而且一想到檢驗師在窗口外等我，醫生在診間等我，啊，不知道為什麼突然之間我硬是了無拉意。

十分鐘之後我拎著空袋子去找醫生自首。醫生已經人都站到櫃台了，他迅速的給我開了電解質的沖劑，交代我要預防脫水，如果情況嚴重要趕緊回來。

「那⋯⋯這個⋯⋯不用給你了嗎？」我一臉無辜，把空袋子在他眼前晃一晃。

「妳隨時可以叫妳的車伕送過來，我們會通知妳結果。」說完這話，他很快就消失了蹤影。

只是，醫生大人，「隨時」在這城市之中哪裡是那麼容易呀？

結了帳，我拎著一袋空的黃金盒和一袋滿的電解質沖劑去搭電梯。想想真不甘心，大老遠跑一趟卻一事無成。電梯旁的警衛笑瞇瞇的幫我按了下樓的電梯，門開了，我卻在這一刻拔腿往後跑，直線衝往廁所去。

帳結了，醫生走了，我才把枯等多時的檢體繳庫上呈。這下進也不是退也不是，我該回家嗎？如果半個小時報告出來我得回來拿藥，難道再跑一趟嗎？

在別的地方輕而易舉的事情，在這裡我卻要思索半天。我喚來司機，指著不遠處的家樂福招牌，跟他說我要去那裡，因為那裡進可攻退可守，先去買個菜，然後再決定是要回頭還是往前走。

計畫很完美，可執行起來卻到處是破綻。那家樂福明明近在眼前卻遠在天邊，下一個岔路口司機選擇了一個彎，那家樂福從此失去影跡。也許你要問，繞回來不就好了？沒那麼簡單，雅加達有去無回的道路設計其無厘頭的程度超乎想像，想回頭？比登天還難。

司機索性問我：「太太，去另一家Hero超市好了，那裡不塞車。」

唉，好吧，我連辯解的氣力都省了，隨便你要載我去哪裡，反正在這裡，很多時候，不是我想去哪裡就一定去得了哪裡。

一轉彎，我們馬上塞在那條不塞的路上，我無奈的看著車陣，什麼家樂福、什麼Hero，什麼影子都沒有。

正巧這個時候我的手機響了，女兒傳來簡訊說她今天提早下課，我無奈的跟司機說：「先回家吧，你得去學校了！」

塞塞塞塞回家，然後我放司機出門，塞塞塞塞去學校。

就像這樣，我花了一個早上的時間去看醫生，拿回幾包沖劑付了五十美金，然後什麼事都沒發生過一樣，又回到家，繼，續，拉！

下午醫生打電話來，在通訊極差的手機裡我聽到他斷續的說：「檢查出來了，有問題可是不是很大的問題，我看妳不用吃藥，觀察看看吧。」

究竟什麼是「有問題可是不是大問題」呢？我一點都沒有興趣去探討，接著醫生聲音模糊的又問了我幾個問題，我全部亂答一通呼嚨過去，隨即草草掛了電話。「隨便啦！」我聽到自己跟自己疲累的這樣說。

天色漸漸暗了，我躺在沙發上，在客廳和廁所之間來回不斷奔波，任由水份和氣力一點一滴迅速消失。

我用僅剩的一點力氣忍不住輕輕嘆了一口氣。唉，難以掌控，無法確定，不明究裡，莫可奈何，這是我在這城裡的生活中無可避免的一部分。

而我已經不覺氣憤了，只是無奈而已。

25
一個人的午後好時光

第三年，孩子們轉學到郊區的一所英文國際學校之後，他們上學的路途變得更加遙遠，不過也因此，我平常的活動範圍得以稍稍的離開雅加達，在周邊的新城市開始新的探險路線。

一個星期大約有兩天我會跟著上學，早上六點半出門，到了學校，孩子們進教室之後，我提著電腦拿著書，留在學校的咖啡大廳，慢慢的看看書寫寫東西。我說「慢慢」，那是因為接下來會有八個小時的時光，在眼前躡手躡腳慢慢等著我。

一開始我全程窩在學校。學校咖啡大廳有舒服的沙發、有夠強的冷氣、有不貴的咖啡，到了中午，一旁餐廳還有香噴噴的學生午餐。平時，寬闊的大廳往往沒有旁人，對我來說簡直是一個專屬的豪華咖啡廳。不過儘管如此，時間久了，我還是不免感到宅得有點小無趣，我試著往外跑，探水溫似的，小心翼翼的，離開學校一點點。

沒多久，我的日程裡多出另一個駐紮地。在學校混上兩三個小時之後，我拔營到五分鐘距離外的星巴克咖啡，雖然那裡咖啡比較貴，環境比較吵雜，可是安坐在陌生的城市與陌生的人群裡頭，卻多了幾分大隱隱於市的小趣味。

再沒多久，離開五分鐘外的距離又漸漸不能滿足我。這次我往反方向跑，走一段寬闊新道再走一段顛窒泥徑，車子以幾近於越野的方式，有時馬奔有時龜爬，忽快忽慢的載著我去向另一個名為「Gading Serpong」的區域。這是一個典型的新興市區，寬闊筆直的大道，規模驚人的建築群，周圍星盤錯落著媲美國外的雅靜社區，市中心還有一個很有西方情調的全新豪華大商場「Sumarecone」。這是一個完全不同於雅加達的地方，我在這裡找到另一個迥異的印尼新世界。

從學校到Gading Serpong將近二十分鐘的車程彎彎曲曲坑坑洞洞，實在不好走，我不好太勞煩司機，一陣子才會去一次。上次我原本只是要去附近的星巴克咖啡，車到路口，腦子裡突然浮現「Sumarecone」那一家有著海洋藍戶外座椅的「fish and chips」，我連忙喊卡，讓司機車頭一轉，二十分鐘後，我坐在陽光燦爛的藍色海洋裡，吃了一頓美味的炸魚和薯條。

前幾天，我坐在學校大廳，看出去，啊，好藍的天，當下心念已決，喚來司機，再度造訪我的新世界。果然，一路上藍天闊野，好景當前。我還做了一個罕見的舉動，我拿出放在袋子好久都沒想拿出來的相機，隔著車窗喀擦喀擦不停的照相。

在雅加達住了幾年之後，我幾乎已經失卻了過往隨時拍照的習慣，就算之前我花了一筆錢換了隨身的新相機，我也幾乎不用它。拍什麼呢？豪華的商場嗎？精緻的餐廳嗎？還是我最常去的韓國肉舖、日本超市還是印尼水果店呢？我最想看見我的鏡頭底下出現的是剔透著光影的純淨風景，或是變換著豐富情調的人物寫真。可是在雅加達這個高樓叢林，空間總是侷促的，空氣總是沉重的，鏡頭裡的光影總是無法自由來去暢快穿透，拍出來的相片，總像是蒙著一層紗，傳達不出我的真心話。

這一刻我把相機拿出來，還是不確定透過車窗的阻隔我能掌握住什麼。結果出乎意外，我重新看見一個久違的景色，乾淨而開闊，明亮而溫暖，足以重啟我心中那一個感動的開關。

擁擠繁忙的雅加達，絕對不是印尼唯一的城市縮影。住在印尼第三年了，我慶幸自己跨開大步走到另一個城，張開手臂擁抱另一片天空，感觸到這塊土地的另一種溫度，並且在不久的將來帶著溫暖明亮的記憶離開。

天氣很好，我的心緒輕盈無比。找了一家半戶外的咖啡餐廳，我就著靠門的位置，坐下來，吃飯，看書。陽光在旁藍天為伴，就算只是一個人，卻一點也不覺孤單。

陽光輕輕落在肩膀，我看見窗外有一隻蝴蝶正在自在飛翔。我開始揣想，不久的將來，當我離開這個國度，我應該會非常想念這一個人的午後好時光。

廣	告	回	信
板橋郵局登記證			
板橋廣字第83號			
免	貼	郵	票

舒讀網「碼」上看

235-53

新北市中和區建一路249號8樓

印刻文學生活雜誌出版有限公司　收

讀者服務部

姓名：＿＿＿＿＿＿＿＿＿＿ 性別：□男　□女

郵遞區號：＿＿＿＿＿＿＿＿

地址：＿＿＿＿＿＿＿＿＿＿＿＿＿＿＿＿

電話：（日）＿＿＿＿＿＿＿＿（夜）＿＿＿＿＿＿＿＿

傳真：＿＿＿＿＿＿＿＿

e-mail：＿＿＿＿＿＿＿＿＿＿＿＿＿＿＿＿

INK

讀者服務卡

您買的書是：________________________________

生日：　　年　　月　　日

學歷：□國中　□高中　□大專　□研究所（含以上）

職業：□學生　□軍警公教　□服務業
□工　□商　□大眾傳播
□SOHO族　□學生　□其他 __________

購書方式：□門市 _____ 書店　□網路書店　□親友贈送　□其他 _____

購書原因：□題材吸引　□價格實在　□力挺作者　□設計新穎
□就愛印刻　□其他 __________（可複選）

購買日期：_____ 年 _____ 月 _____ 日

你從哪裡得知本書：□書店　□報紙　□雜誌　□網路　□親友介紹
□DM傳單　□廣播　□電視　□其他

你對本書的評價：（請填代號　1.非常滿意　2.滿意　3.普通　4.不滿意）
書名 _____ 內容 _____ 封面設計 _____ 版面設計 _____

讀完本書後您覺得：

1.□非常喜歡　2.□喜歡　3.□普通　4.□不喜歡　5.□非常不喜歡

您對於本書建議：

感謝您的惠顧，為了提供更好的服務，請填妥各欄資料，將讀者服務卡直接寄回或傳真本社，我們將隨時提供最新的出版、活動等相關訊息。

讀者服務專線：（02）2228-1626　讀者傳真專線：（02）2228-1598

26 我們家的老司機

Ismonto是我們家的第n個司機了。自從第一任司機蘇東先生無故落跑之後，我們始終找不到一個合適的人選來接替他的位置。這中間我也短暫試過幾個司機，愛打架的，不識路的，要加薪的，想借錢的，揩油資的，總總待不久。交手數回合，我累了，我不想再花費時間和新司機周旋，我想找到一個平平常常本本份份的司機，專心開他的車，讓我早日坐回後座，當一個不用費心的懶太太。

現在的司機比以前更難找了，工資比以前高，可工作品質不見得跟著追上來。我不相信，我付合理的薪資，只想找一個安分守己，恪盡職守的司機，這樣簡單的要求，真有這麼難？

從朋友圈裡找到有經驗有口碑的司機或許是最妥當的選擇。有個朋友即將調回台灣，他們家的老司機是我口袋中理想的人選。這司機有點年紀了，永遠一張沒有表情的撲克臉，眼皮沉重好似睡眼惺忪，說話含糊有點口齒不清，明明長個高個子卻老是垮個矮樣子，汲著一雙拖鞋，穿著補丁的舊褲，任誰看了都不會特別上眼。

我不一樣，我偏偏看見他沉默寡言底下隱約可見的實在與忠誠。老實說，我受夠了像狐狸一樣不可捉摸的聰明司機，你摸不透他心裡打什麼算計，猜不准他什麼時候要沒了蹤跡。我不需要一個和顏悅色，成天笑臉盈盈的司機，我需要的是一個安份的老實人，專心開車，最好都不要理我。

事與願違，朋友決定把老司機移交給他的職務接班人。正巧我們要回台度假，這事，順其自然給擱了下來。

不知道為什麼，我一點都不著急，我隱約覺得，無論如何，他遲早會是我們家的老司機。回到雅加達之後，我們得到消息，他簽約之前出了一點紕漏，以至於和新雇主沒談成合約，現在正在失業當中。聽朋友的描述，我估計他不是犯多大的錯誤，應該還是一個可以信靠的老實人，於是趕緊催丈夫和他聯繫。隔天，老司機Ismonto，苦著一張撲克臉，神色落寞的出現在我們家門口。

我們的要求簡單明確，而且還主動提高他的薪水，工作失而復得的他，答覆也很爽快乾脆，馬上同意立即開工。拍板定案，我當場把車鑰匙交給他。從這一刻開始，他成了我們家的新司機，也是我們在印尼三年的最後一任司機。

Ismonto是駕駛界的老江湖了，他在丈夫的辦公室前前後後開了二十五年的車，經驗豐富不在話下。他對雅加達的街路瞭若指掌，說他是一部活生生的GPS，一點都不誇張。這省了我不少麻煩，我只需要負責給指令，不用多花腦筋，輕輕鬆鬆就可以到達目的地。之前我遇過許多不識路的烏龍司機，有走了兩個小時走回原點的，有出了社區大門便茫然無措的，相較之下，熟門熟路的Ismonto令我驚艷不已。

除了技術純熟的他有時會忘情飆速，以及年紀大了偶爾會遲到誤時之外，我很滿意我家的老司機。不過我身邊的太太們似乎不太以為然。有人說他老繃著一張撲克臉，不苟言笑，好像誰欠他多少錢。她們都不明白，我有多欣賞他的沉默寡言，因為我是請他來開車，不是請他來聊天。我喜歡在車子小小的空間裡，我和他各自自在，江湖兩相忘，一點都不罣礙。

不只不聊天，我們也沒有多餘的殷勤往來。這是我來印尼學了很久才學會的太太哲學。以前我們對待司機的方式是用台灣人的熱情卯起來跟他搏感情。怕他餓，怕他累，怕他等太久還怕哩哩叩叩送他的東西不夠多。處處為他設想，沒事讓他早下班，連去麥當勞都要為他的孫女買一份兒童餐。結果呢？無意當中卻壞了主雇之間的份際，給了他恃寵而驕的機會，反而造成彼此的困擾。現在我學乖了，我不自作多情，謹守我的份際，該付出的付出，不該給的不給，讓一切回到原點。我相信只要規矩清楚，態度明確，便可以減少許多無謂的紛紛擾擾。

我冷，但並不冷漠，我堅持一份不熱絡的真誠。我們對司機一向尊重有禮，孩子們下車一定跟他說謝謝，就算他三不五時借點小錢，我也是雙手奉上，不曾刁難。偶爾他犯點小錯，像是溜班無意被抓包，遲到的習慣改不過來，嚴正警告之後，我們從沒真正依約扣過他的錢。雅加達富裕生活底下的窮苦人家，老實本分的賺一點辛苦的養家錢，他都已經這麼努力認真對待他的生活，我們沒有理由不認真尊重他。

一年多以來，他沒有缺過一天班，也沒有提過加高薪借大錢的要求，日復一日，扳著臉，沉默的開著他的車。反倒是丈夫主動又加了他的薪水，我們認為這是他該得的回饋。這期間，身邊朋友們的司機陸續出了許多狀況，有人偷打了備份鑰匙，下班之後開車載著家人去遨遊；有人明明交回鑰匙了，卻夜不歸營，和女朋友窩在車裡談心；有人因故不來上班，還獅子大開口要借大筆錢。社區裡這些司機都太聰明，閒暇時候聚在一起，恐怕因此互通有無，生出許多壞主意。而我家那看起來一臉頹廢樣的老司機，繼續蹲在角落，抽他的菸屁股，等著太太呼喚他開車出門去，真真是個局外人。

在自己開不了車的雅加達，我感激有一個忠誠老司機不缺席的坐在駕駛座。尤其後來孩子們漸漸大了，有了許多自己的活動，女兒隻身和朋友去吃飯去逛街，兒子自己去書局去看電影，這時候，老司機不只是司機，還是一個隨行的自家人，守護著孩子們的行蹤。我用感激的心看待他，而他，撲克臉底下，是不是也用著真感情來看待著這家人呢？我一點都猜不透。

離開雅加達之前，我們把車賣了，同時替他物色好了新的雇主，希望他能繼續工作不致失業。上櫃時，我們把一輛捷安特的腳踏車留給他的孩子，當然，也留下一筆錢，表達我們由衷的謝意。

離開前一天，他把車子開到買主那裡，功成身退，正式結束與我們一年多的主雇關係。我以為就此再也見不到他。結果，那天晚上，我們每個人陸續接到他傳來的簡訊，內容大同小異，都是絮絮叨叨用最白話的語言謝謝我們對他的好。末了，他還一直詢問隔天的離開時間，他想來送送我們。

我看了簡訊，濕了眼眶。這樸克臉老傢伙，一點都看不出來是這麼重義惜情的人。我覺得很窩心，不枉我們真誠相待的主雇一場。不過我還是回了話，請他千萬不用特意來送我們。

隔天，在一大團送別的朋友裡，老司機鶴立雞群出現在邊邊。他刻意穿著整齊，還罕見的穿了皮鞋。平常畏縮靦腆的他這時竟然一把穿過這些先生太太們，走過來，鄭重的伸出手，跟我們一家四口握手說再見。上了車，關了車門，我看見車窗外的他還在拼命揮手，邊走邊揮，直到車子轉個彎消失在路口。

終於，印尼三年，我們終於有個當地的好朋友，他是我們家的老司機，Ismonto。

第二部

赤道下，大步行走

1 消失的家園

週末我和丈夫去千島群島的Palau Pramuka（童子軍島）參加一項慶典活動，這是我們來到印尼之後第一次離開雅加達，搭乘快艇前進小島也是我們的人生初體驗。

從雅加達北方的Ancol港口出發。才過七點港口已是沸沸騰騰，早起的人待發的船和瀰漫的白煙，烘托出一個初醒的清晨。我們走過潮濕的堤橋，坐上一艘快艇，乘大風破白浪，迎著晨曦揚長而去。

對於原地轉一圈就頭暈目眩的我來說，快艇絕對不會是一種愉快的交通工具。

整個航程一個多小時，我只能緊緊閉著眼睛暗地數著以龜速挪移的時間。船外，天有多寬海有多闊浪有多高，和我一點關係都沒有。什麼時候才能回到地面呢？這是起伏在海面上的我唯一的念頭。

靠著一張貼在肚臍的撒隆巴斯，我終於一路無事來到小島。**Palau Pramuka**，千島群島的行政中心，據說是數百座島嶼當中最熱鬧的一個。果然，對這個島我的第一印象不是周邊湛藍的海洋，而是放眼望去一片黑壓壓的人群。居民們扶老攜幼擠身在主辦單位的歡迎隊伍中間，睜著深邃黝黑的眼睛，用好奇的眼神迎接著這群戴著大帆帽，穿著制服來參加慶典的奇怪的外國人。

活動的主辦單位準備了一些精采的表演節目：帥哥美女的演唱，海岸邊的帆船競賽，還有一些環保概念的植樹與放生活動。我們隨著主辦單位忽東忽西轉換場地，有趣的是，身邊數不盡的當地居民，也是攜老扶幼跟著轉場，到處圍觀。老實說，我發現這些小島民眾對活動的參與度和興趣指數遠遠高過穿著同色制服，頭頂同款帽子的與會者。而好笑的是，我對居民們的觀察和好奇，也遠遠超過當天的慶典活動。

活動結束之後，我像是一隻掙脫鐵籠的小鳥，立即插翅高飛。我和丈夫快步離

海水湛藍，三個男孩在海灘安靜的放風箏。

開慶典的活動範圍，離開經過修飾的亭台樓榭，走進社區小巷。利用僅剩一個小時的時間，我們想要看看小島真實的生活。

狹小的巷弄有如棋盤羅列，或新或舊的平房棋子一般站在兩側，周圍散布了各種我曾經十分熟悉的各種熱帶樹木和花草，像是結實纍綠的土芭樂，大顆大顆的青芒果，還沒探頭的楊桃，火紅的鳳凰樹、澄黃的軟枝黃蟬，還有許多我叫出不名字但千真萬確還筆挺的站在我童年記憶當中的花花樹樹。

我們走在海風徐徐的老舊巷弄之間，彷彿時空錯置回到南台灣幾十年前的某個家常午后。一路上有人在屋外棚下群聚，吃喝閒聊；有年輕媽媽坐在簷廊，推著懸空而下的花布搖籃，專心的哄著小娃入睡；有古稀老嫗踞身蹲在庭前路邊，切著成綑的紅辣椒；有青年壯漢躺在雜貨店前花棚下的長凳上，

當地居民如影隨形、好奇的群聚觀看。

呼呼大睡；一旁那條散發著夏日泥土氣味的小路上啊，幾個孩童三三兩兩搭肩閒晃。他們走過我的身邊，我好像看見了我們島上汗氣騰騰的竹劍少年。

而少年小畢奔門而出撞見的那一片大海也在巷底等著我們。海水湛藍，三個男孩在海灘安靜的放風箏，時光靜止靜止有如海面，我站在一座素昧平生的島嶼上，面對著一片從未謀面的海洋，卻無法控制的以為回到多年前我的童年時期的另一座島。

這空氣如此熟悉，溼答答，脹滿夏日熾烈直接的熱氣。這些人這些事這些場景似曾相識，他們讓我想起幾十年前，家鄉的左鄰右舍當夜乘涼，閒話家常的畫面；這些樹木植栽喚起了我幼時攀爬龍眼樹、芭樂樹的美好記憶，甚至，我甚至聞到了少女時期鄰家屋邊的一棵木蘭花，在傍晚時分散發的陣陣幽香。

我完全不能理解，在我們的島，這些我所熟悉的南島氣味不知道為了什麼也漸漸成為過往。樓房蓋起來了，大家都躲起來了，冷氣開了，夏天的氣味不見了。更奇怪的是，那些我所熟悉的花草樹木，不知什麼緣故，居然也都離奇消失不見蹤影。仔細一想，有多少年了，我們幾乎忘記七里香的沁涼香氣，而那國小一年級國語課本上朗朗背誦的牽牛花呀，又究竟去了什麼地方？

我站在別人的島上，意外撞見了幾十年前的美好時光，和久違的花樹植株異地相逢，也和悠閒純樸的舊時生活再度聚首。它們喚起了我的原鄉記憶，卻也教我驚覺，原來，幾十年來台灣是以何等驚人的速度轉換了它的島國面貌。而原來，我記憶之中的童年家園，早已消失在現實生活當中，不復追尋。

像這樣憑空消失的僅僅只是一座記憶中的家園罷了，算得了什麼呢？如果是那樣眼睜睜的看著真實的家園就在眼前活生生的從大水泥石中消失呢？那樣的痛該是何等椎心？

從小島回來後這些天，我常常一邊看著故鄉的八八水災新聞，一邊流眼淚這樣想著。

2 借宿峇里島

這是我們第一次踏上峇里島。

早在出發到峇里島前一個多月，丈夫開始了一段漫長而艱辛的尋宿過程。是長假期的關係吧，峇里島熱門地區所有知名不知名的旅館早都已經搶訂一空，幾回透過旅行社去搶房間，也都紛紛鎩羽而歸。最後臨要出發了，才在朋友的推薦之下，訂到了兩晚的民宿，以及一晚的飯店。

其實我一向對民宿沒有很大的熱情。我喜歡住飯店，喜歡把門一關在裡頭跳床造反罵小孩都沒人管你，也喜歡飯店裡有香噴噴的毛巾可以舒服洗個澡，香噴噴

的床單可以愉快睡個覺，隔天還有香噴噴的早餐buffet可以飽餐一頓。民宿不一樣，住在民宿感覺有點像回到一個別人的家而不是在旅行，而且屋主不論熱情或冷漠對我都是一種負擔，我喜歡我的旅程自在又放鬆。「妳真孤僻。」丈夫不只一次不以為然的這樣跟我說。

可是這次不一樣，峇里島民宿，嗯，聽起來頗為迷人，光憑想像已經可以感受到一股濃濃的小島風情，我興奮的說：「好啊好啊，民宿也好啊！」

丈夫好不容易拗來的民宿，位在峇里島南區庫塔（Kuta）大街的小

巷裡，我們必須經過彎彎曲曲的窄巷，走過一大片荒地，拐彎抹角才可以找到它。站在巨大的鐵門外，我們放下行李，探頭探腦的研究怎樣才能破門而入，同一時間我們聽到忠心的小狗一陣狂吠，以及忠心的女傭一陣急忙的腳步聲。大門咿呀應聲而開，就是這裡了，我們的峇里島民宿。

民宿的規模很小，一間客廳、一間餐廳和四間臥房以及一個可以休憩閒聊的小前庭。房子雖然有些年紀了，可是房間的擺設簡單乾淨很有峇里風。尤其是臥房裡兩張披掛著輕紗垂帳的大木床，讓人看了只想骨碌一把躺下去。
住在民宿兩天，旅程變得十分家常。先吃上一頓亦中亦西的早餐，然後順著彎彎曲曲的小路出門上街，晃到中午，又慢慢遛達回來，懶散的坐在小前庭，就著涼風小睡片刻。醒來，嚐嚐朋友從山上採下來的山竹和榴槤，接著再出門探險。一直到七晚八晚才摸黑走小路回到民宿，在陽春的浴室裡沒毛巾沒香皂的洗個陽春的戰鬥澡。隔天一早，被公雞啼小狗叫小孩哭鬧吵起來，還沒醒全呢，房間門口忽然被大力推開，民宿老闆娘連敲門都沒有大咧咧闖進來，穿過床上大字躺著的歐巴桑歐吉桑，逕自走到浴室去關燈，然後回頭說：「該起床啦！你們不是要早早出門嗎？」
兩天後，跟熱情的老闆娘說完再見，我們拖著行李走在羊腸小徑上。此時，我的心裡充滿了對下一個住宿的滿心期待。可不可以讓我不用再長途跋涉才可以落腳安歇？可不可以讓我盡情洗個香噴噴的熱水澡？可不可以讓我安安靜靜的入睡，隔天一早可以不被打擾的醒過來？
第三個晚上，我們的落腳處是位於中區烏布（Ubud）的飯店。總算是飯店了，真教人好生期待。

除了看不懂的地址和據說名為「大花」的店之外，我們對這個飯店一無所知。車子攀著山路前進，車窗外的景致越來越鄉下，稻田綠野漸漸佔滿了所有視線。長長的路程之後，終於一個急轉彎，車子在嘎吱作響的煞車聲中停歇下來。我們總算到達了。到達了哪裡呢？飯店大廳嗎？不不不，是一小片僻靜荒蕪的停車空地。

司機拿著手機嘰哩咕嚕不知道說些什麼，放下手機之後，他回頭跟我們說：「請在這裡下車，飯店的人會出來接你們。」

啥？怎麼這麼歹命，我站在車輛禁止進入的施工標誌前，看向眼前曲折泥濘的細窄山路，天啊！難道這下得要翻山越嶺才能進到飯店嗎？

是真的，這回不只是穿窄巷走小路而已。爬土丘過木橋跳水漥，和迎面而來或是擦肩而過的摩托車騎士微笑打招呼，幾分鐘之後我們安然回到平面。定睛一看，我們無緣無故闖進了一個清新寧靜，恍若桃花源的小小村莊，而旅館的車子，已經在這裡等著我們。

再上車，穿過一棟一棟十足峇里風情的民家庭園建築，穿過一個一個頂著竹簍圍著花裙的峇里婦女。這時小雨輕輕落了下來，煙雨矇矓之間，我突然覺得有些恍惚，分不清楚我們到底掉到了哪一個陌生時空。

幾分鐘之後我們終於終於真的真的抵達旅館了。那是座落在山林溪澗之間的鄉野小築。我們走進去，接過迎賓鮮果汁，走到大廳盡頭往下看，啊啊啊大人小孩全部大叫起來，「看哪，多美的游泳池！」

騰在半空中的泳池以綠色的山野為屏幕，以湍急的小溪為背景，以裊裊山嵐為襯底，綠色的水紋無邊無界往前推往前推，然後嘎然靜止在山野的那一頭。

安置好行李之後，兩個小孩火速換了泳衣來到泳池往裡一跳，雨裡煙裡兩個不怕冷的小身影忽隱忽現，我從樓上房間往下看，只覺得眼前分明就是一幅潑墨綠山水。

丈夫說，光這個景色就值得這樣長途跋涉大費周章了。不游泳的我可不以為然，等到待會兒千辛萬苦下山去烏布街上逛一逛，再百轉千迴走路坐車摸黑回到這裡，我一定要去洗個香噴噴的澡，睡個香噴噴的覺。

啊，這才叫做心滿意足！

峇里島小傳

峇里島（BALI）位於亞洲東南部，面積約五千八百平方公里，北臨峇里海，南接印度洋，西隔峇里海峽與爪哇島相對，東隔龍目海峽與龍目島相望。因島嶼輪廓狀似正在下蛋的母雞，島民認為此乃豐饒的象徵，故以「盛放祭品的盤子」稱之，印尼語為「Kuali」，時間久了就成「Bali」了。島上以陽光、衝浪、美酒、美食、SPA、宗教文化，以及充滿靈性的閒適生活步調為人稱道，為印尼最著名的國際級觀光景點，印尼有一半以上的觀光收入便來自峇里島。

西元七世紀，印度教傳入峇里島，為峇里島文明的開端。十六世紀初，伊斯蘭教在印尼崛起，許多貴族、僧侶、藝術家逃亡至峇里島，開啟峇里島的黃金時代，島上逐漸發展出佔地為王的王國制度，十九世紀上半業全盛時期有九個古王國，各自有國王統治著領土內的百姓。

一八四九年，荷蘭侵略者佔領峇里島北部「布列連」（Buleleng）、「卡蘭卡森」（Karangasen）、「涓布拉那」（Jembrana）三個王國，開啟荷蘭人在峇里島的殖民統治。一九〇六年，荷蘭人大舉南下至南方的巴東王國（Badun）談判，巴東國王深知來者不善，王室在與荷蘭談判時，由祭司持匕首刺殺國王，隨後王室彼此互相殺死對方，表達對殖民霸權的強烈抗議。一九〇八年，位於東部的克龍宮王國（Klungkung）也採取集體自殺的方式抵制荷蘭入侵，結束了峇里島的最後一個王國統治。後世為紀念此民族精神，在克龍宮王宮前建立「普普丹紀念碑」（Monumen Puputan）。

一九四九年，印尼獨立，峇里島歸入印尼版圖；一九七八年，峇里島州長Ida Bagus Mantra推動島的文化事業與旅遊觀光，並倡議每年六月至七月舉辦「峇里島藝術節」（Bali Art Festival），將島上的傳統音樂、舞蹈、手工藝術品等呈現給觀光客，自始峇里島逐漸轉型成現在世人熟知的面貌。

「庫塔」（Kuta）與「烏布」（Ubud）為峇里島發展觀光化後的知名景點，前者為峇里島經濟中心，也是知名衝浪景點，後者則為峇里島的文化中心，由美國女影應茱莉亞羅伯茲主演的《享受吧，一個人的旅程》便是在此地拍攝，使峇里島更獲世界各地旅者青睞。邁入二十一世紀，峇里島觀光事業蒸蒸日上，但也面臨大量開發與永續生態的兩難。

3 烏布美食傳奇

美食之一：烏布烤肋排

這樣的標題有點驚悚，烏布烤肋排？是哪一塊烏布烤哪一塊肋排咧？烏布Ubud，是峇里島中部的一個藝術區，肋排，是香噴噴的豬肋排，兩者合一，組合成為我們峇里島旅程當中難忘的一餐。

旅行社小姐說烏布有一家最有名的藝術博物館，它的正對面有一家最有名的烤排骨。抵達烏布的時候恰恰是正午時分，我們對烤排骨的興致遠高於博物館。

下著細雨的正午，車子來到排骨店門口。喔，我的天，好一片熱鬧景象！小店

外頭一圈人，團團圍著白煙沖天的烤肉架，眼光齊齊射向滋滋作響的烤肋排。往裡看，簡陋狹小的餐廳滿滿都是人，除了肩並著肩擠成肉醬還聳著肩弓著手啃著豬排的食客，旁邊還有東一簇西一簇瞪著桌子站著卡位的閒雜人等。啊！這氣氛雜沓而緊張，哪裡是吃飯，簡直是作戰。

我們先馳得點，一進去立馬搶到兩個位置，先把兩個小孩安頓下來，爹媽摩拳擦掌趕緊前去覓食。掰開潮水一般的人群，丈夫好不容易奪到兩面排骨令牌（聽起來像在逃難），只是前頭等待的人潮難以計數，等排骨送到桌上又是漫長的一個小時之後了。

香噴噴排骨上桌了，我們在眾人羨慕眼光的目送之下開始大啃特啃。在這樣瀕臨崩潰的集體氣氛中，什麼吃相啦氣質啦家教啦衛生啦全部化為烏有，十指並用抓起油嚕嚕的烤肋排，咬一口排骨，舔一下手指，趕一下蒼蠅再喝一口飲料，滿滿一桌的杯盤狼藉亂七八糟，啊過癮啦！

後來幾天，我有時候會突然回想起那混亂無比的一餐，肚子裡的排骨老早消化光光了，我這才漸漸回過神來。仔細想一想，喔，沾著雨水的排骨，沒有洗過的手指，加了冰塊的飲料，飛來飛去的蒼蠅，黏踢踢油膩膩的餐桌……平常最挑剔的媽咪怎麼會都沒感覺呢？她甚至還是衝鋒陷陣帶頭喊「吃啊」的開路先鋒。

怎麼一回事啊？難道我們被集體催眠了嗎？

不過老實說，那排骨，滋味還真不賴！

美食之二：烏布髒鴨子

這標題看起來好像更離奇。是哪一塊烏布下的哪一隻髒鴨子咧？

類似的劇情再演一輪，明明是要去烏布皇宮看舞蹈，可是我們肚子餓了，改個念頭轉個彎，司機把方向盤一轉，立刻把我們送到了遠近馳名不可不去的「髒鴨子」。

餐廳名叫髒鴨子，當然有個小故事。簡單說來，當年餐廳老闆偶然看到了稻田鴨子走過時留下來的髒腳印，突然之間得到了靈感，因此開設了這家以賣脆皮鴨聞名的餐廳。

庭園式的餐廳很有特色，隱約可以看見荷花池、小曲徑和坐落各處的涼亭餐室。這些別出心裁的設計在白天看起來一定非常有意思，可惜我們到達的時候天色已晚，放眼望去只有微弱的燈光和昏暗的夜景，以及傳說當中的神奇脆皮鴨。

更可惜的是，去得太晚，那晚連鴨子都已經賣完了。沒脆皮鴨，沒關係，那就吃吃脆皮雞湊合湊合。

餐廳的其他料理其實頗有看頭，只是上菜速度有些落差，我們母子三人都已經大快朵頤盤底朝天了，丈夫點的海鮮燒烤還是沒有動靜。

跟忙碌的男侍催了幾次，丈夫快要失去耐性了，他們才發現漏點了這樣菜。先前負責點菜的男侍不好意思的趕忙送過來。丈夫這時開口了，不是要責備他，而是不死心的再次問他：「你確定你們的鴨子賣完了嗎？」

也許是他覺得漏點了菜不好意思，也也許是天時地利人和時機恰好成熟，他轉轉眼珠說：「我再去幫你打探打探！」

我們花了四十分鐘等待漏點的海鮮燒烤，現在，僅僅花了四分鐘，那原本已經放棄的脆皮鴨卻在這個時候天外飛來，躺在盤底火速現身。

男侍神秘兮兮卻也難掩興奮的指著鴨子說：「這本來是另一個客人點的，現在就先給你們囉！」

我們一陣歡呼迎接脆皮鴨的到來，歐巴桑快樂過了頭，一時之間忘記自己的年齡，猛對男侍眨眼睛拋媚眼，還對著他大聲嚷嚷開玩笑：「所以，這鴨，是你偷來的囉？」

這笑話好像有點冷，說的人哈哈大笑，聽的人含糊帶過連忙告退，看樣子他是存心要把大好時光留給我們。那千辛萬苦才得來的半隻脆皮鴨是很好吃。四個人吃得津津有味，兒子最後還偷偷躲在一旁把鴨骨頭啃得一乾二淨，任憑誰跟他說

在鄉間稻野之間飄香的「髒鴨子」。

話，他都如僧入定恍若無聞。

最後我們又吃了超好吃甜點俄羅斯威士忌派和黑巧克力蛋糕。酒足飯飽，丈夫滿意的掏出信用卡，吆喝著：「小二，結帳啦！」

這時，那位男侍又現身了，他拿著帳單靠在丈夫耳邊，小小聲說：「我忘了打上那半隻鴨的錢了，你另外給我現金好了，那鴨子本來六萬七，算你五萬就好！」

啊，看樣子，那半隻鴨真的是偷來的？

我的天，我們在烏布的髒鴨子吃了半隻半途劫來的「髒鴨子」啦！

印尼特色美食

印尼位處熱帶地區，以重口味、多香料為其特色，最具代表的料理算是「巴東菜」（Masakan Padang），該料理源自於蘇門達臘的巴東，用大量的咖哩、椰奶與辛香料來料理各種食材，以小碟、少量、多菜色的方式擺滿整桌。吃巴東菜時，桌上通常會擺放一碗檸檬水，此為生水而非飲用水，是供飯後洗手之用。

此外，「印尼炒飯」（Nasi Goreng）與「印尼炒麵」（Mie Goreng）為印尼常見美食，以當地特色辛香料快火大炒而成，佐以荷包蛋、泡菜、生菜、蝦餅與沙爹等，除色香味兼具，價位亦平易近人。

峇里島延續印尼料理特色並發展出許多獨特美食，如：「峇里島式沙爹」（Sate Lilit），牛肉、魚肉以獨特香料與辣椒等醃漬後，以香茅草包裹肉再進行燒烤，不需沾醬料即可食用，味道有香茅草的甘香；「峇里烤豬飯」（Babi Guling）的烤乳豬是傳統祭典必備祭品烤乳豬，皮韌肉香，滋味獨樹一格。

傳統印尼鴨料理以「香料蒸鴨」（Bebek Betutu）最聞名，全鴨用數十種香料填充其身並醃漬，裹覆香蕉葉後放進土坑或蒸爐長時間燜煮，出爐後飽富濃郁的鴨香氣。至於「髒鴨子」（Bebek Goreng）即酥炸脆鴨，佐以峇里島香料與私房辣椒醬而成。

4 峇里島的夢幻婚禮

曾經在一次的餐會裡，我聽見有一位華人富家太太仔細算計著，打算幫兒子籌辦一場峇里島的豪華婚禮。旁人湊熱鬧幫著打算盤：整套的婚禮包辦費用，再加上招待從世界各地飛來的數十賓客的機票、食宿……乖乖，那起碼得花幾百萬台幣，才能成就一場峇里島的超級夢幻婚禮。

我沒參加過峇里島的婚禮，我只是聽說過有許多明星選擇在那裡結婚，來印尼之後也漸漸耳聞，有許多當地年輕人都把峇里島當成完成人生大事的首選。為什麼這麼多人願意舟車勞頓、大費周章的飛到這座小島來互許誓言，定情終生呢？

其實我毫無概念，絲毫不能理解。

前陣子收到一張精美的喜帖，有一位同樣來自南台灣現在落腳在茂物工作的年輕朋友，選擇在峇里島結婚。丈夫受邀去當證婚人，孩子們學校也剛好放假，我們決定全家飛去湊熱鬧。

為了一場中午舉行的峇里島婚禮，遠在雅加達的我們必須清晨四點起床，五點出門，六點搭機，一切都在迷糊渾沌之中進行。為了免去換裝的麻煩，我們直接穿上正式的服裝趕到機場，滿頭大汗擠在人潮當中辦理登機。可憐那老媽子腳蹬高跟鞋，還得歪歪扭扭走過停機坪爬上飛機。好不容易上了飛機，卻發現，我們居然坐在最後一排，超級陽春

在峇里島的藍天大海慎重的允諾終身大事。

的廉價航空位置原本就小到不行，更何況是椅背完全不能移動的最末排，我們幾乎是用著高難度的瑜珈坐禪姿勢，才能勉力度過難熬的兩個小時。

抵達美麗的峇里島的時候我只覺得腰酸背痛。浪漫果真不是一件輕易的事情，尤其對一個已經結婚將近二十年，幾乎就要把浪漫忘個精光的歐巴桑來說。

不過一抵達婚禮場地，歐巴桑的浪漫情懷一下子全都回來了。當那座被海天一色團團圍住的玻璃禮堂出現在我面前，我一下子全明白了，為什麼年輕人那麼熱衷來這裡結婚。沒話說，那浪漫那夢幻，那海風穿過陽光拂過椰樹輕輕散落的幸福氣氛，完全是渾然天成。

這天，天藍海闊，風和日麗。我們趁著典禮還沒開始之前到處走走。這地方真奇妙，不論你站在什麼角落，用哪個角度照相，拍出來效果都很好。在這裡，我從相機裡看到了久違的乾淨的藍，那是平日裡在雅加達很難遇見的清空。對著鏡頭底下每一張美好的影像呆看半晌，我心裡莫名升起一股他鄉遇故知的小激動。

婚禮進行以前還有一小段空檔，我忍不住走到禮堂前面，賊頭賊腦往裡窺探。這是一個臨空懸在海礁上的大型玻璃屋，四面都是透明的玻璃帷幕，它讓外面的藍天大海沒有任何阻攔的延伸進來。我揣想著，等一會兒當我們坐在裡面時，應該會有種漂浮在海面上的錯覺吧。我也忍不住臆測，當這對新人面對著大海許下婚約的神聖誓言時，又會是何等動人的瞬間呢？

典禮開始，新娘挽著父親的手從禮堂之外緩緩走進來，女兒在我耳朵旁邊小聲說：「我剛才在外面看到新娘的爸爸哭得眼睛都紅了呢。」果不其然，當二人經過我身邊時，我看到巧笑倩兮的新娘子一旁，是一個拼命眨眼睛強忍淚水的父親。玻璃屋裡，結婚進行曲幸福的樂音隨著腳步一聲響過一聲，女兒的眼睛直直望向前端等候的新郎，笑意滿滿。可那癡心的父親，低著頭默默數著交出女兒前最末的幾個步子，淚水盈眶。

哎呀我一定是老了！以前參加婚禮只會盯著新娘看，而今天這張浪漫的紅毯上，我竟然一路尾隨那父親忍淚的表情，以致錯過了新娘嬌美的姿態。等我回神過來，他們已經走上禮台。禮壇前，不捨的父親頷首跟新郎說了幾句話，接著把女兒的手慎重的交託出去，退下來。從此刻起，幸福的聚光燈落在這對甜蜜的新人身上了。

在大海邊的玻璃禮堂裡，看著純白的一雙新人背影，聽著真摯的婚姻約定，我忍不住因感動而鼻酸。啊，好想知道，對著無邊無際的藍天大海互許誓言，那會是什麼樣的心情？

典禮簡單而隆重，約莫一個小時，當一對璧人再度轉過身面對賓客，緩步走來，接受玫瑰花瓣當空灑下的祝福時，他們已經是夫妻。

剛出爐的新鮮小夫妻甜蜜的走出玻璃禮堂，我的眼睛追隨著他們幸福的背影，轉頭跟身邊的歐吉桑眨眨眼，不懷好意的說：「嘿嘿嘿，這人生的路，現在才要開始呢！」

那個將近二十年前在信義聯勤俱樂部的游泳池畔，浪漫的跟我許下婚約的男子，回過頭來一點都不浪漫的瞪了我一眼，那意思是，歐巴桑，妳真不解風情。

啊，我一定是老了——這是我參加這場峇里島的夢幻婚禮所得到最大的心得！

峇里島的印度教色彩

西元三至六世紀，印度教傳入印尼，西元七世紀則傳入峇里島。在伊斯蘭教成為印尼最主要信仰後，峇里島成為印尼印度教的完整據點，舉凡印度教的文化、藝術、文學與種姓制度，至今深深仍影響著峇里島，並發展出獨樹一格的印度教文化，如：傳統印度教以各種顏色描繪神民並且祭拜，峇里島的印度教卻從不展示神民面貌，只用空蕩蕩神殿與空神座來祭祀；又如島上居民遵循的曆法非傳統印度教曆法，而是由爪哇的古曆與印度曆書予以合併的喀卡曆（Caka Calendar）。

即便如此，峇里島仍保有許多印度教既有傳統，如延續印度教的「種姓制度」，峇里島人民分為四個社會階層：「婆羅門」（Brahmana）為祭司、「莎翠亞」（Satria）為貴族、「維西亞」（Wesya）為武士、「蘇德拉」（Sudra）為平民，絕大多數的人都屬「蘇德拉」。

種姓制度的具體展現在——「班家」（Banjar）——峇里島獨特的社區制度，依附在宗教基礎上發展而成，類似鄰里間的自治組織，其法規來自於神民的指示。「班家」負責村裡的大小事，舉凡新生兒出生祭典、成年禮、村落祭祀、村人火葬禮等。

「班家」制度注重「出生、成年、結婚、死亡」四件人生大事，唯有結了婚的男人才能加入班家，因此絕大部分峇里島人都會結婚，婚後女方加入男方的班家。峇里島人一生都無法脫離班家，是島民的精神支柱，一旦離開班家，就像死後靈魂無法有所歸依。

島上印度教徒最重要的節日是Nyepi，為「峇里島寧靜之日」（Bali's day of silence），此日根據當地曆法計算，通常於三月底或四月初舉辦，正值雨季結束之時，主要目的是除舊佈新。該節日前一天會進行「歐哥歐哥」（Ogol Ogol）的大規模慶典，將象徵妖魔鬼怪的「歐哥歐哥」送至海邊燒毀以消滅邪靈。此後整整進行二十四小時，島上禁止任何活動，以使鬼怪覺得峇里島無人居住，在新的一年方不會前來打擾。所以這一天，島上的觀光客都是禁止活動的。

印尼的伊斯蘭基本教義派往往將峇里島視為失去的宗教領土，偶以各種手段企圖將峇里島納為伊斯蘭教。如：二〇〇二年十月在庫塔（KUTA）兩間相對的夜總會與酒吧遭伊斯蘭祈禱團以人肉汽車炸彈攻擊，兩百餘人死亡；二〇〇五年十月、前爆炸案三週年之時，庫塔又發生三次人肉自殺炸彈攻擊，造成二十餘人死亡。

5 峇里島的猴子們

我在這裡站好久了，已經分不清楚是我看猴子還是猴子看我了。

這裡是峇里島烏布區的一處猴子森林。很奇怪我們在印尼好像老是在看猴子，而且每個地方的遊戲規則都差不多，入口買票的地方總會有人賣香蕉，我們不能免俗也都會買上一串，邊走邊餵。不過，今天這個猴子森林有點特別，裡面的猴子們都不太愛吃香蕉，好像衣食無缺已經吃很飽了，它們把我們丟過去的香蕉拿起來聞一聞丟到一邊，一點興趣也沒有。

對香蕉沒興趣，這些大大小小的猴子們對遊客也沒興趣。他們在樹林之間追逐打架，更多的時候他們擠成一小堆一小堆，互相抓身上的小蝨子。尤其是幾隻看起來位高權重的猴媽媽一把押住猴小孩，完全不管旁邊發生什麼事情，一心一意的抓東搔西，連私密部位都不放過，而且一抓就是老半天。有時候有不識趣的另一隻小猴湊過來，猴媽媽被打擾了，火氣不小，冷不妨一個出掌將它一把推開，害那小猴翻個跟斗滾得老遠，那滑稽的景象實在好笑。

也有那樣的時候，他們一整個家族全部擠到一塊大石上面，天倫之樂其樂融融，一片和睦。我在旁邊看得有滋有味，就連旁邊另外三個賞猴人已經向前繞了一圈又回頭了，我都完全渾然不覺。

我很喜歡這個猴子森林的氣氛，猴子們一點都不在意我們這些無聊的遊客，自顧自的搔癢玩耍打架，儼然一個跟外界完全不相干的太平盛世。我也喜歡看猴媽媽專橫的按住小猴抓癢的畫面，那小猴動都不敢動的無辜模樣，每每叫人莞爾偷笑。

這是我在印尼看過最幸福的猴子們了。我們在雅加達的大馬路上有時候也會看到猴子，那是我最不忍心見到的景象。養猴人把小猴當成乞討的工具，用洋娃娃的塑膠面具套在猴子的臉上，讓它小丑模樣的當街表演乞討。有時候我坐車經過，看見馬路中間出現一隻戴著人偶面具的猴子，詭異的在黑夜裡行走張望，看似一個誤闖車陣的瘦弱嬰童。無一例外，我不能控制自己不發出小聲尖叫，立刻驚惶的別過臉去，不忍卒睹。

看看這烏布的猴兒多幸福，又有香蕉可以吃，又有兄弟可以結伴打架玩耍，還有閒不下來的媽媽可以拼命抓癢，真好。

隔天我們去了峇里島南部的Ulu Watu山崖，聽說那裡有絕美的夕陽可以觀賞。我們在日暮之前驅車趕往，在入園口被要求付費穿上一件沙龍，說是對園裡的印度廟表示尊重。另外他們也千萬交代，要民眾記得把眼鏡、帽子、隨身背袋全數收妥，因為，裡面有猴。

啊又有猴子。這次例外沒人賣香蕉，可見這裡不時興餵猴子。不過，這裡氣氛好像有點詭異，眼前我們要去的明明是傳說中的美景盛地，可是怎麼覺得那裡似乎機關密布，而我們尚且必須步步為營呢？

攀上鄰海懸崖的最高點，才剛剛靠近石梯旁的那面牆，一不留神，猴子已經出現在背後，無聲無息安靜的望著我們。女兒和其中遠遠的一隻小猴合照，不太敢靠近，因為這邊的猴子看起來很兇悍，不是好惹的模樣。

才說完，下一秒鐘，同行一位伯伯的頂上帽子咻一下無影無蹤，被一隻猴子伸手截走了。我們驚呼一聲，那猴身手矯健早已跳得老遠。這時，忽然有一男子突破重圍搶步上來，快手遞給猴子一小袋食物，猴子居然乖乖就範交出帽子。帽子，輕而易舉落到了那名男子手中。

一轉身，男子把帽子拿向伯伯，伸手說：「五千盧比。」又來了，原來這猴子們又是印尼人奇想的生財工具。它們被訓練一身打家劫舍的絕妙功夫，抓帽子、摘眼鏡、搶背包全在一瞬之間，下一秒鐘，遊客只有乖乖掏錢的份。

真殘忍。

當然也有豁出去不願妥協的人，像另一個老外，被偷了帽子，一氣之下拿起娃娃車砸向那小賊，人猴之間齜牙咧嘴，相看兩討厭，都沒有誰注意到今天的夕陽可真奇怪怎麼一點也不美？

每個人只顧著隄防那群神出鬼沒的猴子，原本等著夕陽落在懸崖邊海濤間的浪漫初衷都不見了。尤其是行事謹慎的兒子，他擔心我手上的相機成為攻擊的目標，一邊跟我碎碎念說我不應該只顧著照相，一邊卻又體貼的亦步亦趨的跟在我身後，是一名稱職的貼身小保鑣。

回程路上，還有猴子不懷好意跟在身邊，想要伺機而動。我們邊走邊回頭，就怕在最末一刻還是不能全身而退。看著它們賊頭賊腦深具城府的模樣，我想起前一天烏布那群只顧著抓蝨子的猴子們，真替它們感到萬幸。

逐漸統一的印尼文化

在印尼一萬三千六百七十七個島嶼中，種族數量位居全球第一，各種族擁有各自的語言、文化、信仰及既有傳統。然而，主管原住民事務的政府機關「PKMT」為管轄方便，重新安置各民族，並以輔導各族「合乎社會價值」的產品為其政策，以獲取固定的經濟利益。因此，少數民族的宗教信仰被剝奪，成為資本主義下的廉價勞力，種族獨特性逐漸被摧毀，藝術作品也逐漸通俗化。

6

我們的巴淡島午後與我的巴淡島黃昏

印尼有上萬個島嶼，是世界上最大的群島國家。在這個綿長且斷續的國度裡，飛行，變成我們旅行的新工具。

巴淡島（Batam），一個半小時的長空飛行之後，從白雲大海之間綠瑩瑩橙艷艷浮出來的一座島。

我們在正午時分抵達度假村，村內住客甚少，藍天之下大海之濱椰風之間，島上的步調以慢轉速度緩緩前進。在屋前等待許久，我們猶原等不到前來加床的房務人員，無意之間還一度把自己反鎖門外。反正不急，我們倚在陽台花台旁，看

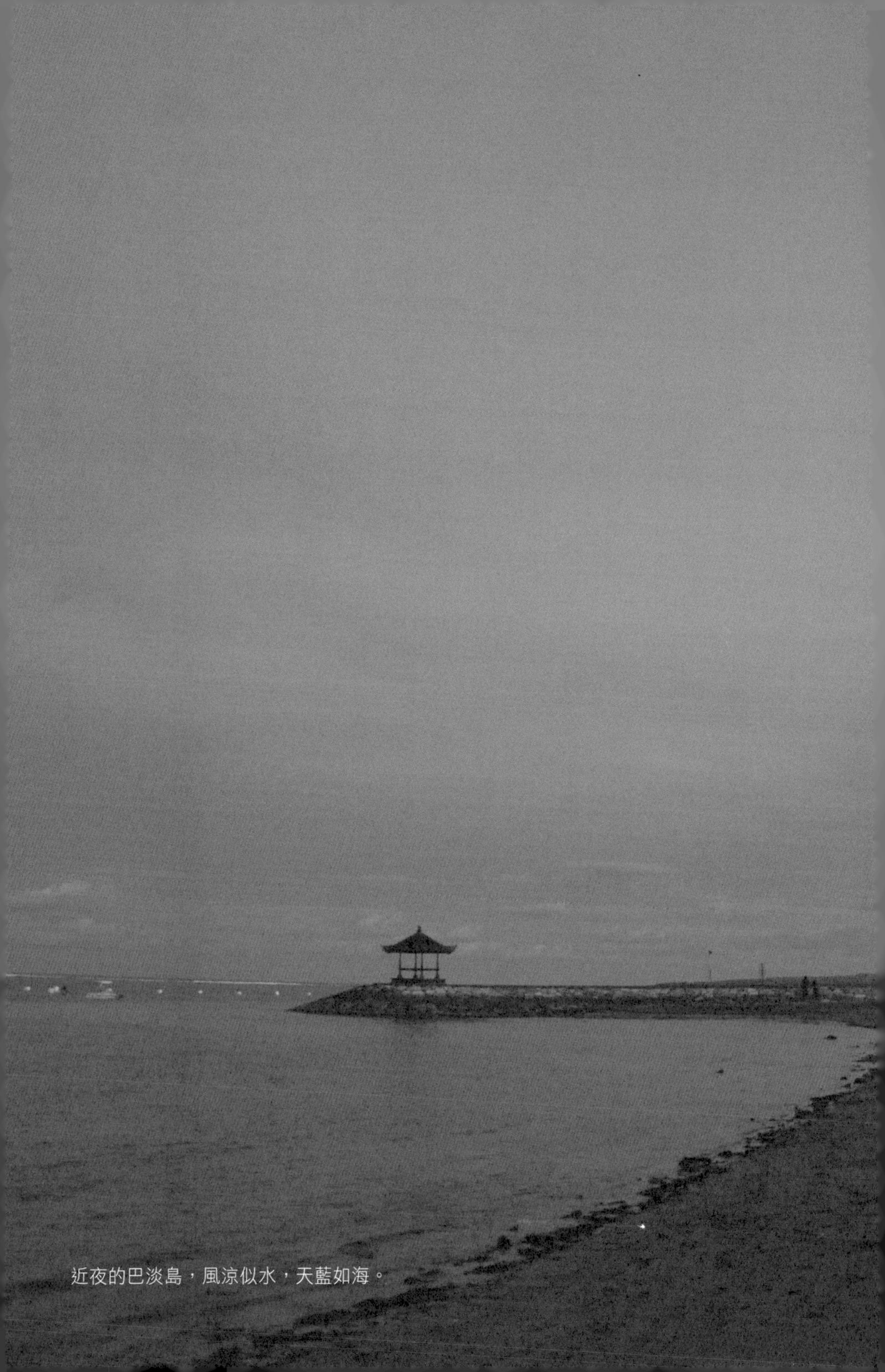

近夜的巴淡島，風涼似水，天藍如海。

天看海看椰子樹輕輕擺盪，看三三兩兩的旅者在游泳池悠哉沉浮，還把剛才路邊買來的龍眼、山竹拿出來，吃一顆往花叢裡丟一顆，弄得到處黏滴滴。

孩子們等不及了，乾脆換泳衣一溜煙不見蹤影。丈夫站在陽台就著大海嗑掉一大顆芒果，抹抹嘴甩甩手，換了泳褲也消失了。我懶，把自己躺成一個軟綿綿的大字，賴在雪白的大床上，看著天花板的風扇轟轟的轉，一直蹉跎到良心不安了，才背起相機，關上門，去看看他們做些什麼。

走下木屋長階，遠遠的，我看到兩個小傢伙的身影並肩坐在沙灘上，長長的海岸線上再無旁人，他們玩著、嬉戲著，那一刻，那是他們的沙灘、他們的海。

臨著海的一朵發呆亭裡，隱隱約約躺著一個人，枕著臂呼呼大睡，那是那一個穿著泳褲說要去游泳的懶人歐吉桑。

我輕輕走過去，也在亭子裡躺下來，把腳翹到天空裡，把眼光放空在頭頂上的那顆小藤球，把所有心思丟到海裡，把整個人全部交出去讓清風溫柔的接住，像一雙母親的手輕輕的哄著你入睡。

好安靜好自在好舒服。

後來孩子們也來了，把旁邊另一朵發呆亭躺成發瘋亭，我坐起來，看著旁邊呼嚕呼嚕打呼的丈夫和那邊嘩啦嘩啦嬉鬧的兒女。輕風迎面拂來，海濤低聲吟唱，我愛的家人都在身旁。不多做什麼，不多說什麼，多美好純淨的巴淡島午後時光啊，這一刻，我要牢牢記住它。

時光無聲挪移，幾個小時之後，站在白天與黑夜的交界，眼前這盞將夜未夜的神秘時刻，卻是我一個人的了。

孩子們不知道去哪裡探險了，丈夫把發呆亭的酣閑帶回房間繼續發呆。越過他的肩，我瞅見門外天空泛起一抹奇異的藍，不發一語我抓了相機往外跑。近夜，風涼似水水涼似風，天藍如海海藍如天，為著趕上天光離去的腳步，我向著椰林和海灘的方向快步疾走。方圓幾呎杳無人跡，只有微風和海濤在耳邊若有似無輕聲作響，我不時停下來咖嚓按下快門，每一個鏡頭裡盡是氤湮一氣的藍，這暮色藍得真徹底，這藍徹底得真離奇。我穿著一襲紫藍洋裝，呆立在這幅藍色潑墨山水當中，像是藍色大筆揮出一勾一撇所遺下的一滴淺色的墨。

我總算在天光沒下的最後一刻，奔上長堤的起端，一陣軟風拂面而來，一顆星子從海面浮上來，一朵浪花從最末的藍幕下翻過身去，然後，你瞧——

夜就來了。

7
跳島一日遊

在「勿里洞」（Belitung Island）某個不知名的小島上，有潔淨的沙灘，碧藍的海灣，還有散步的儷影一雙，你一定覺得這樣的畫面浪漫極了吧？

等等，先聽我把話說完。

這是我們在勿里洞度假的第二天。一早，租車司機如期來報到，我們偷偷的鬆了一口氣，因為在印尼，就算約定好了，不到最後關頭你實在不敢確定究竟對方會不會出現。不都說旅途之中舟車勞頓嗎？現在車事解決了，接下來就靠著這輛車帶著我們去尋舟了。

短短十幾分鐘，司機很快把我們載到了出海口，旅館幫我們約定好的漁家從棚子裡迎出來握手寒暄。膚色黝黑一口白牙的年輕漁夫不會說英文，有點害羞的微笑示意，讓我們去棚子裡等等。他說了幾句話，我大約聽懂他的意思，那應該是：「等一下，船就來了。」

我們進去找了張桌子坐下來，望著大海等待小船的蹤影。漁夫和司機和一個朋友坐在最前頭緊鄰著沙灘的桌子，他們抽菸他們聊天，他們有時候根本不說話，只是安安靜靜看著大海。時間一分一秒的過去，十分鐘二十分鐘三十分鐘，我開始懷疑他們是不是根本忘了我們一家四口正在後頭等著船。

船一直沒來，我們一直在等待，任憑眼前潔白白的沙灘和澄藍藍的大海一直在召喚，我們還是只能坐著傻傻的發呆。漁夫和司機一點也不著急，彷彿像這樣的延遲，無波無瀾平常極了，一點兒也無須掛心。等久了，兒子覺得無趣了，脫了鞋往海邊走，丈夫捲起褲管在沙灘走過來晃過去。是受到周遭悠閒氣氛的感染嗎？奇蹟似的，在這段漫長的等待裡，竟然沒有誰露出不高興不耐煩的神情。

將近一個時辰終於把漁船給等來了，豆干方塊形狀的甲板上頭撐著一張簡單的帆布，我們即將以此為蔭，向著大海乘風破浪，展開為期一天、為數四個的跳島行程。由於漲潮，船身只能泊在海水裡，出發前我們得先把鞋子脫下拎在手上，踩著漁夫在船身上架起的木梯，險險的爬上船。上了船趁著還沒啟動出發，孩子們把雙腳伸出船緣，浸在澄澈見底的海水裡，霹霹波波踢著水花。無垠的大海，正在腳底下、眼跟前殷切的召喚著我們。

天涯亂走，我們乘過大船划過小舟，可從來沒有像這樣如此貼近大海的呼吸，隨著它的脈動韻律起伏。天清氣朗，海風薰然迎面而來，海水在隨手可及的眼下，引擎聲在背後轟轟作響，一切都真實得那麼不可思議。突然覺得我們不像遠道遊客，倒像是勤勤懇懇出海捕魚的一夥漁家。

離海岸漸漸遠了，小船經過幾個小島，引擎不歇，腳步不停，我們的第一個目標是再遠一些些的另一座燈塔之島。這個時候我們壯志凌霄，猶在談話說笑，可是很快，船越行越急，距離越拉越遠，浪，一步一步追上來了。我們明顯的感受到船身顛簸起伏，有時候一個大浪打上來，小船走在大浪的弧度上，忽上忽下好像坐雲霄飛車。有時候大浪從側面襲來，船身瞬間傾向一側，你幾乎就要看著海水循著船緣傾巢而入，啊啊啊，我數度失控的失聲尖叫。

很恐怖，可是除了我之外，同舟共濟的其他三人莫不強作鎮定，只是默默的交換充滿千言萬語的安靜眼神。過了沒多久，空無一物的海面上終於浮現一座燈塔，終於，那島就在前方了！

沒錯，那島就在前方，可那浪就在身旁。小船遠遠的沿著垂手可得的海岸奮力向前，漁夫並不直線前進，他繞了一個彎，循著浪的走勢，朝著海岸迂迴靠近。我看著難以接近的小島，私下忖度著眼前的距離，心裡暗暗想著，如果噗通掉下去，這下我可是一輩子也游不到對岸哪！同一時間，坐在對面的丈夫瞅了我一眼，當我們四目交接的一霎那，彷若電光火石迸出火花，因為我從他的眼神讀到和我一模一樣的心事——

天啊，我們居然都沒穿救生衣！

一切都安靜下來，我連尖叫都顧不上了，只在心裡暗暗祈求快快上岸快快上岸，千萬別讓我們連救生衣都沒有，無遮無攔的摔進海裡！

好險好險，幾個奮力的破浪前行之後我們終於靠岸了！

靠岸，僅僅表示你「靠近」了岸邊，如果你想「上岸」，那你必須捲起褲管，甚或像我身邊那位歐吉桑，光天化日之下脫得只剩一條四角褲，從木梯攀爬而下。只見他噗通一聲踩進水裡，瞬間大腿以下全部泡湯，變成半隻落湯雞。儘管

狼狽若此，他還得把所有家當高高扛起，小心翼翼涉水上岸。套句女兒的話，我們這副模樣很像逃難。

不過如果經過滔駭浪虛驚一場之後，可以看到如此脫俗出塵的海岸風光，一切還是值得的。站在乾淨無染的細軟沙灘看出去，那海的顏色，一層是琥珀綠，一層是天空藍，澄澈見底層層相疊，就好像以前在風景照上看到的馬爾地夫一樣，美極了！

天微晴微陰，小島邊停了不少小船，沙灘上有小孩在踢足球，大人在吃午餐，有些人在淺海裡浮潛，有些人只是坐在沙灘對著大海閒聊天。我們打算在這裡小小野餐，看看海走走

沙，體會一下小島的原始野趣。

吃飽歇足，眼見著雨就要來了，我們決定搭船轉往另一個小島。依照預定的跳島行程，我們在下午日落之前大約可以停留四個小島，因此後頭還有三個小島等著我們去造訪。時間有限，照理說漁船應該隨時在旁待命，可是當我們走到岸邊，對著一排漁船張望半天，怎麼樣都找不到來時的那艘船，而同行隨著上岸的其中一名漁夫也不見蹤影。

正在狐疑著，漁夫突然出現了，他說：「船不在。」

船去了哪裡呢？我們花了五十元美金包下一天的船，怎麼會半路落跑，棄我們而去呢？

語言不通說不清楚，橫豎船就是不見了。漁夫急著拼命打電話連絡船上的另一名漁夫，然後跟我們說：「抱歉，請等半個小時。」

沒關係啦，沒人想花氣力去追究這船家究竟搞什麼飛機，反正風景綺麗，再等一下也好。

我們回轉到小島中央，繼續看海。沒一會功夫，果然下起大雨，雨滴像豆般大小當空傾洩而下，搭搭搭搭打在身上。頃刻之間，所有遊客收拾傢伙，抱頭鼠竄，全部躲到燈塔旁廢棄的一排木屋屋簷下。我們把從旅館拿來的大毛巾當成雨衣，也迅速而倉皇的跑進躲雨的人群當中。

全身溼答答，到處黏滴滴，自己都可以聞到自己的，當然也聞到別人的汗酸臭兮兮。

陣雨來得急去得快。雨停了，也已經過了半個小時了，船還是沒來。漁夫一直在講電話，可是就是不跟我們講話。我們發現同時抵達的船隻開始沸沸揚揚輪番離去，而我們還在繼續等待。丈夫索性躺在沙灘吊籃上小寐，而姐弟倆發現一直被佔據的鞦韆空出來了，輪流著盪鞦韆。盪呀盪呀，這雨，又來了！

再往空屋跑一回，全身已經濕了一半。雨停了之後，丈夫再也按耐不住了，直接打電話給代訂漁船的旅館人員，請他和漁夫說話，拜託他幫我們解答迷津，究竟漁船去了哪裡，而我們到底還要等多久？結果我們得到答案是，船去另一座島接別人了，很快就回來了。

啥米？去接別人了？這船今天不是被我們僱了嗎？

漁夫終於放下電話，支支吾吾的連聲道歉，「再十五分鐘，」他說。

好，大家還是只能理解的和善的說好，轉身繼續等待。再等半個小時，把另一場大雨又等來了，船，還是不見蹤影。

躲雨第三回合。丈夫一屁股坐在地上，地上很髒，反正他全身也很髒。身邊躲雨的人越來越少了，我們又濕又累又臭，我們彼此之間說的話也越來越少。

雨停了，浪高了，人群已經離開了大半，我們依舊被困在這裡。環顧四週，難道我們得在這風雨飄搖的孤島上紮營嗎？丈夫終於生氣了，他找到還在講手機的漁夫，言詞堅定的告訴他：「不論坐哪一艘船，現在就把我們——送，回，去！」

正在雞同鴨講呢，一直在身邊晃來晃去，看著我們來來去去的一名赤膊男子，悄悄靠了過來。他老兄一邊鼓著腮幫子吃東西，一邊說：「你們，是在搞什麼啦？」

謝天謝地，他說的是中文！

帶著一家人來玩的劉先生是在地數十年的老華裔，他開始當起我們的翻譯。一邊講著話，他身邊的家人一個一個圍上來，把丈夫和漁夫圍成一個圈圈，大家七嘴八舌用印尼語潮州話議論紛紛，可是卻又不時哈哈大笑。在這個與世無爭的地方，在這些與世無爭的居民身旁，你想找人吵架？恐怕怎樣也吵不起來。

這調解的工作才做到一半，那漁夫望向海岸突然說：「咦？原來我們的漁船早就回來啦！」

饒了我呀這演的又是哪一齣？我們實在看得一頭霧水。好吧前嫌盡釋廢話少說，既然船回來了，那趕緊上路吧。

漁夫卻說：「且等，上不得！浪太大，危險！」緊接著，聳聳肩，那漁夫又說：「如果你現在一定要走，那就走吧！」

四個人同時把背包應聲卸下。開玩笑，我們在這裡等了兩個多小時就是為了等著現在去餵大浪嗎？

劉先生一家極力勸阻我們千萬別上路，「再等等。」他們搬出一大堆瓜果食物攤在桌上，熱情的招呼：「吃呀，吃呀！」

就這樣，把船等來了把浪等來了把異鄉的朋友等來了，那就，繼續等吧。終於，第四次，把大雨又等來了。劉先生一家人把水果挪到屋簷下繼續吃，高高興興談天說地，還硬是塞給我們三顆橘子。

好心的橘子還來不及吃，漁夫突然闖進來說：「浪低了，可以走啦！」

經歷連番大雨的洗禮，經過漫長曲折的等待，三個小時之後我們終於回到船上，繼續未完的行程。這時的浪明顯比來時平靜多了，可是沒了浪來了雨。大雨不由分說當空嘩然瀉下，我們把三條早就已經濕透的浴巾拿來擋雨。透過浴巾滴著水的邊緣望出去，平靜的海面上像是有千萬顆晶瑩亮透的玻璃珠正在上下跳躍，好美好美，美到讓人完全忘記這大海中的一葉扁舟有多麼驚險，而這一頭雨一身濕其實有多麼狼狽。

第二座島從雨後晴空當中浮出來和我們相見。島上幾無旁人，美麗的海岸線沿著海潮畫了一個長長的拋物線。我們把鞋留在船上，赤著腳在沙灘上走，前幾個小時的疲憊在此刻霎時化為烏有。海灘上到處都是美麗的貝殼，四處可見活生生的小海星，還有漁夫肌肉男把不知道從哪裡捕來的珊瑚礁捧在手上，濃烈散發著大海新鮮的氣味。我們在沙灘上越走越遠，心滿意足，心滿意足，這就是我們辛苦尋來的一片海天桃花源。

之前時間耗費太久，以致於我們離開第二座島時天色已經漸漸沉了。我們決定在回程路上僅僅再停一個小島，提早為這趟既辛苦又美好的跳島旅程劃下句點。第三回上船，大家已經駕輕就熟，身輕如燕一下子馬上就了定位。船才出海一下下，遠遠的就看見劉先生一家十口人坐在小船上，和我們拼命招手。海上遇故知，那父子兩人揮手成那樣，不知情的人還以為他們正在求救。

第三座小島更小了，同樣杳無人跡，除了乾淨的海岸線還有奇特的巨石。我們只在那裡停留一會兒，走走沙灘看看大海，把即將沒入暗夜也落入記憶的海天一色牢牢記住。然後，轉身離去。

最後一次攀上這艘漁船，這是今天的最後一程航行了，大家不約而同露出輕鬆的表情。這碧海，這藍天，這雨，這浪，這說都說不清理也理不來的其中波折，且全數留在這些美好的小島上吧。

而那些純淨美好剔透溫暖的記憶，謝謝，我們全都帶走了。

後記：

A

我說：我要把這天的小島經歷取名為浪漫小島一日遊，其他三個人都瞪我：浪漫？那是浪漫嗎？

我說：怎麼不是呢？

大「浪」都「漫」上船來了，怎麼不浪漫呢？

哈哈哈，他們笑了！

B

女兒說：雖然那時候很恐怖，可是以後想起來一定很好玩，我怕時間久了就忘記了，媽媽，妳一定要把那天記錄下來喔。

C

兒子說：其實坐在船上的時候我很怕掉下去，可是爸比還一直在旁邊碎碎念。

原來，那時候超級鎮定的他都不說話是因為他超級害怕！

D

事後丈夫才弄清楚，原來救生衣要加錢，而漁夫連問都沒問。其實真的很枉顧人命，而我們也真的太粗心。

E

原地繞一圈就頭暈的老媽這次的航程完全沒有暈船，被大家視為奇事一樁。結果後來連續三天我都處在頭暈狀態，原來，那時候我只顧著害怕掉下海沒時間暈船，一直等到上岸之後才補暈回來，還連暈三天。

未免也太誇張！

8
誤闖桃花源

回到雅加達的滾滾紅塵已經大半個月過去了，勿里洞的短暫停留老早成為記憶。奇怪的是，我的生活好像硬生生卡在那裡了，一動也不動。

為什麼呢？

回想起來，勿里洞的一切像是時光長廊裡凝結的一個點，透明純淨，與世隔絕。彷彿一個無歲無年的境外桃花源，我們不明究裡闖了進去，直到回到人間，還是依舊想不透，那誤闖的小島數日會不會只是一場浮生大夢？

當初機票是補來的，旅館是搶來的，我們都以為那島上必然沸沸騰騰合該是一個老外鍾情聚集的小島樂園，像是峇里島一樣吧。結果哪是呢？三天裡看到的老外不超過五人。說得也是，有多少外人會特意尋來這裡旅遊呢？沒有計程車，沒有招攬觀光客的商家和餐廳，人家島民安家樂業男耕女織平常過活。這座島是用來生活的，不是用來觀光的。

那生活，是天然而原始的。

入住第一家旅店的時候，我們發現充滿樟腦氣味的房間裡冷氣完全不冷，那房務大嬸進來檢查，不能理解的看著我說：「會冷呀怎麼不冷呢？」後來我發現，除了住宿房間，整個旅社完全不設空調，在他們大汗淋漓的生活裡原來根本沒有冷氣這樣東西。進到浴室洗澡的時候我一邊和蚊子奮戰，一邊盯著高齡至少十年的老浴巾以及水龍頭流出來的黃色地下水，心裡很掙扎，到底要不要放任積攢一天的汗臭汗酸把整個人臭酸掉，也不要洗這個「古早」的戰鬥澡呢？匆忙洗了澡，迷糊睡了一場覺，隔天一早醒來早餐已經送到門口，我和丈夫坐在走廊看報吃早餐，沒想到那蒼蠅部隊動作比我們迅速靈活，邊吃邊遮邊喝邊趕，兩個人把一頓早餐吃得滿身大汗。

隔天換了一家靠海邊的飯店，價錢較貴設備也較現代，心裡想說總算可以在設計別緻新穎的露天澡室舒服沖個澡，盡情泡spa。結果咧，一踏進去浴室就發現，角落有一大坨黑嚕嚕的螞蟻窩，嚇得我後退三大步。不然，放一大缸水來悠哉泡個澡吧。沒一分鐘，丈夫放棄了，因為他一點都不想泡在黃濁的泥水裡。那也可以好好去享受一下涼亭的早餐，與大海隔路對望，看陽光在海浪上跳舞，聽海風在藍天裡唱著歌，該多美好。只可惜，五分鐘後我也投降了，我的手上腳上已經被小黑蚊叮了七八包，癢得不得了，我邊吃邊抓，像一隻又餓又癢的猴子。

一家四口天涯亂走，從來都是隔著一層薄紗的觀光旅遊，這是第一次，我們是來過活，不是來觀光旅遊。過活，不是屁股拍拍說來就來說走就走，不是你付了錢就可以有更乾淨的自來水，也不是打著觀光客的旗幟就可以有更便利的自由。那意思是說，客隨主便，其他，別想太多。

桃花源裡當然不是光有桃花遍野，還有平常紮實的生活，風塵塵泥濘濘的等著你。

離開前一夜我們在旅館五分鐘車程外的沙灘上吃了一回星光晚餐，聽起來還是很浪漫吧。其實，也不是的。

那個黃昏的藍色沙灘上，只有三盞亭子底下的幾個客人，散躺各方的幾隻大狗，以及轟隆低吟的一台發電機和微微發著光的幾盞日光燈。漁家以很慢的速度在草棚下烤魚，白煙嬝嬝香氣瀰漫。我們坐在亭子裡耐心等待菜肴上桌，看看海，說說話，有時候你看我我看你，任憑讓時光一分一秒滴滴答答無所謂的從身邊離開。

單純的夜啊單純的漁家變出一桌單純的真滋味。烤魚、炒空心菜、炒臭豆、炸蝦、炸花枝還有魚頭湯，簡單一如自家飯桌上平常的晚餐。特別的是，桌上沒有餐具，只能用手。是啊，這天然的滋味本來就該用原始的手指來品嘗，人家根本不覺得該為你們這些外來客準備額外的餐具。來者是客？在這裡好像連這句話都顯得囉哩叭嗦繁文縟節。

當然螞蟻蚊子也都不會把你當客人，你看成排的螞蟻正從桌緣排隊走過，蚊子隨時等著伺機而動。還有那幾隻大狗管你是誰，在沙灘上一言不合照樣大打出手，家醜不外揚嗎？自然沒有這回事。

悠悠晃晃，沙灘上的晚餐回想起來只像一場老電影，轉速出了問題，慢慢播慢慢放，沒快沒慢沒短沒長，最後定格在星子升起的那一刻，沒完也沒了。

後來，離開那天，在機場碰上一陣滂沱大雨。萬馬奔騰的雨聲裡，我湊巧遇上一位當地的華人，她說趁清明假期回來探親，她問我：「那妳呢？妳來做什麼？」

「我來玩的。」我說。

她狐疑的看了我一眼，說：「啊？來玩的？這裡沒有啥外國人來觀光的！」

這我才弄懂了，原來，訂不到旅館機票是因為我們恰巧碰上一年一度返鄉掃墓的人潮，才不是因為它是觀光勝地熱門景點。原來，我們果真是誤打誤撞誤闖了一處平靜的境外桃花源了。

也難怪，這場夢啊悠悠長長怎麼好像都醒不過來……

9 遠方

之一：天涯咫尺

從雅加達市中心坐車到ANCOL港口半個小時，坐船到Bidadari小島半個小時，遠方，就在這麼近的地方。

很近也很快，塞車不見了，大樓不見了，空氣汙染不見了，我們把雅加達縮小在大海的另一端，崢嶸的高樓朦朧得像是海市蜃樓，看得見可是碰不著。

隔著一片海，這裡是另一個世界。天好藍海好藍陽光好乾淨空氣好清涼。人好少，整座島，除了海浪和海風，沒有多餘的聲響。我們沿著海岸緩慢挪移，這裡坐一坐那裡躺一躺。慢慢來，我們有整整六個鐘頭要和海洋沙灘藍天白雲談情說愛，而小島快走一圈，只要短短十分鐘。

做些什麼呢？坐在沙灘看著遠方什麼都不想，躺在發呆亭喝啤酒亂聊天睏到快睡著，走進叢林遇見一隻大蜥蜴橫跨小路還轉頭盯著人看，借來一顆籃球滿頭大汗玩投籃，走上長堤剛好浪花濺上來全身濕光光，坐在階梯上看幾對新人拍婚紗禮服一套換過又一套。實在沒事了，兒子騎著沙灘摩托車繞島好幾趟，女兒把腳埋在沙灘，在旁邊描出一顆心和一雙手印，把它們留在這個離雅加達最近的遠方。

小島上的午后時光，時間變成安靜的慢板，一拍一拍慢動作的走開，又慢半拍的挨過來。

最後我們坐在甲板靜靜等著夕陽到來，微微的海風軟軟的吹在臉上，好舒服好像在媽媽的懷抱。仰著頭我看見橘色的雲彩從天空那端浮上來。接著，船來了，夜浪裡星星追上來，很快。

那城就在靠岸的正前方。

之二：咫尺天涯

這個時刻，最想要的就是插翅而飛！

我們又卡在前往Safari動物園的途中動彈不得。原本只要一個半小時的車程，現在都已經兩個小時了，我們還是走不到一半的路途。明知道再走段彎曲的山路，那黃澄澄的香蕉橘艷艷的胡蘿蔔和車窗外的可愛動物們正在那裡等著我們，可是近在咫尺卻遠在天涯，我們什麼時候才能到呢？

清晨七點，一行六個人興高采烈愉快的出發。兩個多小時之後，大家困在車陣裡，看著窗外各式的攤販殺時間，聊聊天吃吃零食，有時候說說冷笑話，很困難的維持著愉快出遊的假象。

「又要放棄了嗎？」上回我們也是卡在這裡動也不動，最後更改計畫轉往Bogor亂玩一天。現在，我猜每個人喉頭裡都暗地哽著「放棄」這兩個字，可是沒誰甘願說出來。真氣人，雅加達的周末我們到底還有哪個好玩的地方是去得到的呢？是不用害怕像現在這樣車車相連到天邊、小販綿延無絕期的呢？

我問司機，還要多久呢？他說：「不知道呀，不過我知道上個星期誰誰誰花了六個小時才到。」

正在考慮要不要轉向回頭的時候，車窗外靠過來一個男人，碎碎念一串來不及聽懂的話，他手上沒賣東西，那他賣什麼呢？

他賣在地的老經驗。他說付他五萬元，他就坐上車帶我們走小路，保證一個小時就到了。我們聽了很心動，雖然司機看起來好像不太贊成，可是我們還讓他上了車。

調車頭，直接在高速公路上一百八十度大轉彎，我們把長長車龍甩在身後，花錢買速度、換時間。看著別人還在漫長的等待，而我們已經接近目標，啊這錢花得還是很值得。

那老兄比手畫腳很臭屁的說：「安啦安啦，找我就對啦，要不然你們下午都到不了！」可是真奇怪，五分鐘後要下高速公路交流道的時候，他很遲疑，一直到分隔島都出現了，他都還拿不定主意要不要下去。拗到最後一秒鐘他才在司機左右扭動的方向盤之下匆忙下達指令。我和丈夫對看一眼，心中有不祥的預感，別別別，老兄啊，千萬別告訴我你根本不知道怎麼走！

我問他：「你到底知不知道怎麼走？」沒一秒鐘遲疑，他說：「知道。」

可是下一個路口他就走錯了，搖下車窗問人，轉回來時路，再下一個路口他又遲疑了，不過這回好運被他猜中了。走啊走，奇怪怎麼這個地方有點眼熟，他怎麼帶我們來到Bogor了呢？

「沒錯呀！」他說從這裡出城去就可以繞到小路往動物園走了。問題是，小路還遙遙無期呢，這城中大馬路早已塞爆了，我們再度一動不動卡在車陣裡，時間呢？當然又是一個小時過去了。

「喂，你不是保證一個小時會到嗎？」

「是呀，穿過這塞車的地方就可以走小路啦！」

「到底還要多久呢？一個小時？（他不說話）兩個小時？（他還是不說話）」——我的天呀又上賊船啦！

就這樣，七點出發，十點半了我們還是到不了動物園。誰來告訴我，這麼近的地方，怎麼會那麼遙遠呢？

10
火車快飛

之一

綠油油的美麗梯田，這是從火車車窗往外望去，萬隆（**Bandung**）這個大城市給你的的第一印象。

那天你跟朋友說我們國慶假日要坐火車去萬隆，她瞪大眼睛看你，看很久，然後緩緩的說：「坐火車，妳確定嗎？」

你沒聽出來她語氣當中的疑惑，繼續滔滔不絕的說，那個火車呀很便宜呀，可以坐頭等艙喔，都不用塞車，才三個小時，很方便呀……

她笑得很奇怪，還像被魚刺哽到喉嚨那樣說不出話。最後要說再見以前她還是不放棄，眼珠咕嚕咕嚕轉來轉去，慎重的說：「坐火車，妳確定嗎？」

為什麼她會欲語還休一直這樣問呢？上次你們和他們一家去動物園，一個多小時的車程塞了三個多小時才到家，恐怖的雅加達交通，你們算是領教到了。更何況這次是連假，連假耶，你們一點都不想把難得的假期浪費在插翅難飛的車陣當中。再說，想當年住在歐洲時，你們一輛小車勇往直前，爬山涉水，飛越好幾國，這麼一段小旅程，算什麼呢？

行前一晚，朋友憂心的可是還是很含蓄的跟你說：「那個…火車…不是妳想像中的樣子…」喔！原來說的是這個，你笑說沒有啦，我沒有把所謂的「頭等艙」想得太豪華，也不會自找麻煩把雅加達的直達火車和法國的TGV相提並論。你們搬來雅加達已經三個月了，對印尼、印尼人和印尼事都已經有了基本的認識，不會一廂情願美化了未曾謀面的雅加達火車。

那天一早怕路上塞車誤時，鄰居好心載你們到火車站。火車站大廳有點舊有點暗，可是長住雅加達的鄰居說這才剛整修過，比起之前已經好很多了。你和女兒交換一個眼神，不約而同說：「還好啊！」是還好呀，在你看來這車站像極了台灣西岸沿線某個小站十分平常。倒是你們四個背包客語言不通、長相不同，出現在這車站顯得有些突兀。

上了月台，哇！黑壓壓一片等待火車的乘客，幾乎都是當地人，一個一個眼睛黑嚕嚕看著我們。兒子有點害怕，一邊流著大汗，一邊在你身邊磨蹭耍賴，女兒雖然從容鎮定，始終面帶微笑，可是其實你看得出來，面對這樣亂七八糟連上哪一輛車都搞不清楚的狀況，她也有一點點不安。

火車來了，你和女兒又交換一個眼神，再一次不約而同說：「還好呀！」頭等車廂冷氣十足，座位寬敞，還有液晶電視呢！你們迅速瞄了一眼，隨即卸下心房，放心的隨著一位穿著制服的男性帶位員往裡走，心裡還滴咕著怎麼火車服務這麼到家。一到座位上，才知道你們真是待宰肥羊。丈夫給他小費之後，他老兄還賴著不走，獅子大開口要十萬盧比亞的帶路費。你站在一旁，爆衝的牡羊性格又忍不住了，直接問他：「為什麼？我為什麼要給你十萬？」惹熊惹虎不要惹到母老虎，他眼見情勢不對，只好橫著臉，心不甘情不願的離開。坐定後仔細一想，他哪裡是工作人員？他根本早已經看出來你們是初來乍到的外國人，想趁機混上車來敲詐一樁罷了。喔真驢啊，你們還一直覺得人家怎麼那麼熱心。

不過這不影響你們的心情，你們對這輛火車好奇極了。座位上東摸西摸，看著穿著制服的美麗服務生走來走去，努力研究菜單，等待陳舊的老餐車會送來什麼好吃的午餐。孩子們在火車上吃了一碗現煮泡麵，出乎意料，味道很不錯呢！

火車快飛，吃個麵打個盹看個影片，三個小時之後順利抵達萬隆。只是真正的考驗這時才要開始，下了火車你們背著背包跟著人群走，想要找尋出口。老舊的月台上擠滿了人潮，你們努力穿過人群穿過火車，沿著前方的軌道快走快走，黃塵之中很有一點兵荒馬亂的亂世之感。

走出火車站，卻遍尋不著拿著牌子接送你們的旅館司機。小小的候車室裡，你們和幾個一樣茫然的外國旅客面面相覷。同是天涯淪落人，可是在這個印尼的陌生城市，時間慢慢來慢慢過去，就連不知去向的恐慌也都是慢慢的盤上心頭。大家你看我我看你，奇怪的是好像誰也不真正害怕，誰也不真正著急。

後來才發現走錯出口了。一夥人進月台闖軌道穿人群，風風火火再走一次，總算在車站的另一方看見了等待你們的人。你們坐上他的車，在緩慢車陣裡載浮載沉，終於抵達旅館，一手接過旅館準備的接風飲料，完成了印尼之旅的火車初航。

看起來不驚險也不刺激吧！對於一向習慣亂走天涯的你們來說，這過程好像一點也不值得大費周章詳實記載，可是其實這裡頭大有文章。

你們從萬隆回來隔天，你在樓下遇到幾位太太，她們看到你一下子圍了過來，一個一個輪番問：「你們坐火車去萬隆嗎？你們真的坐火車去呀？你們覺得怎樣呢？沒出什麼事嗎？不危險嗎？」

你這下才明白，你們做了一件別人眼中看來很奇怪很罕見的事。她們說在這裡坐火車是件危險的事，還聽說有人在車廂裡遭到搶劫，她們之中沒有誰是像這樣大喇喇坐火車出去玩的……

你嚇了一大跳，這才知道原來你們經歷了一次冒險意味頗為濃厚的大膽之旅。前輩們曾經叮嚀你不要頂著一張外國面孔在街上亂晃亂晃，不要隻身穿越大樓旁的大公園，「別不相信喔！」他們說你們熟識的朋友裡就有人光天化日之下接連被搶。你知道走路要小心，可是就是沒想過，原來，連坐火車也要小心。

在這塊陌生的土地上，你們未知待學的事事物物還有很多很多。只是你還是忍不住想：江湖，還是不能不去闖的；世界，還是不能不去認識的。問題是，如何在闖盪之中保有天真的勇氣並且不忽略安全的顧慮。「膽大心細」——這可能你們在這個新的國度裡與新的旅途裡，不能不學的一門新功課！

之二

你回頭過去看，車廂內一片寂靜，許多人睡著了，許多人望著窗外，許多人或許跟你一樣，什麼也不做，只是等待著火車到站的時候。

距離上一回興沖沖搭火車去萬隆，兩年過去了。那次經驗很不錯，車廂乾淨，乘客不多，還有熱食可以點用，是一次意料之外的美好冒險。

可是這次去井里汶（Cirebon）不一樣。你們一上火車，馬上發現座位旁的兩扇車窗都有著大大小小的裂痕，水紋狀的裂痕從中央的一個小彈孔往外擴散，像是一陣漣漪。不只你們的，這節車廂有一半以上的車窗都是這樣，彷彿整輛火車曾經被散彈攻擊過。你們有點不安，坐下來，把窗簾拉上，把裂痕蓋起來。

可是有些東西蓋不起來，那是從地板從車窗縫隙從窗簾後面不停跑出來的小蟑螂。整個去程，三個小時，你們花了很多時間打蟑螂。

回程的時候，你們坐的是另一輛火車，有些車窗玻璃也是散佈著裂痕，不過你猜也許小強們不住在這節車廂。可是沒多久，它們又來了，這次孩子們不再大驚小怪，對小強過敏的女兒乾脆把窗簾拉上蓋住縫隙，索性閉目小睡，眼不見為淨。而超級潔癖的兒子好像也放棄無謂的抗爭了，不再動不動壓著聲音喊爸呀趕快抓蟑螂！

可是，小強還有夥伴呢。火車開到一半，兒子神情嚴肅的回頭叫你，緊張兮兮，要你快把放在地板的袋子拿起來，因為他看到老鼠跑過去。你不理他，動也沒動，以為他胡扯。不過後來過幾天朋友們討論起那次行程，好幾個人不約而同說他們全程都在拼命打蟑螂，有一個人在一旁幽幽的說：「你們打小強算什麼？我還看到小老鼠咚咚咚跑過去呢！」

回想起來，原來，你們搭了一輛動物列車，有人，有蟑螂，還有小老鼠。

你怕蟑螂，也怕老鼠。在回程上，你很努力的忽視它們的存在，希望三個小時火車快飛，讓你可以趕快離開熱鬧的動物列車。很多人都睡著了，可是你不行。你睜著眼睛看著車窗外，專心的數著一個接著一個飛奔而過的小村落。

從佈滿霧狀汙漬的車窗看出去，鐵軌旁有大塊大塊的稻田，黃禿禿一片，很像才剛剛收割完。有些田地被燒過了，黑壓壓一塊從土黃色的大地之間突兀的跳出來，有些田還正在悶悶的燃燒，瀰漫著白色的煙霧，一縷一縷，飄到好遠的另一個村莊。

田埂之間總是有人，他們並不是在耕作，三三兩兩或坐或立，出現在畫面的中間，看起來像是農閒的休憩。黃土路上也總是有摩托車，在芭蕉樹和水稻田之間若隱若現，把鄉間小路拉得又細又長。太陽橘紅一大顆掛在斜斜的天邊，白煙嬝嬝，晚風徐徐，你在鐵軌的這一頭似乎也感受到了農村生活的悠閒。這個時刻，你不知道為什麼想起小時候的老家矮房還有竹籬笆，以及鄉下奶奶家的田野時光。你沉浸在很久沒記起的老時光，你懷想已經走得老遠的童年歲月，幾乎忘記了車廂裡四處逛大街的小強，和不知埋伏在哪裡準備伺機而跑的小老鼠。

天色越來越沉，你們越來越靠近雅加達。你發現田野村莊漸漸隱沒在夕陽裡，取而代之的是鐵軌旁越來越多的人群。他們在做什麼呢？他們成群結隊看火車，你懷疑那是他們的休閒娛樂之一。其中有些人，幾乎貼著急駛的火車邊邊，你好幾次都要失聲叫出來。「多危險的休閒啊！」你心裡這樣想。

不只看火車，有人還打火車。有幾次，你眼睜睜看著車窗外男孩們手裡拿著什麼大力朝你們擲來（他們說那是石頭吧），明明隔了一扇窗，你還是反射動作的伸出手，驚惶的遮住臉。在那一霎那，你終於弄懂那些車窗上的彈痕從何而來。

火車快飛，在現在和過去、異鄉和家鄉、現實和懷想之間反覆出沒。擎開朦朧夜色，漸漸開往終點。

火車起飛，飛過田野，越過村莊。

11 Bukit Lawang

之一：叢林的第一堂課

住在印尼的最後一個長假期，為了留下一點不一樣的印尼回憶，我帶著孩子們離開爪哇島的雅加達，前進蘇門答臘島的Bukit Lawang，進行一場前所未有的叢林冒險。

到Bukit Lawang沒那麼容易，得費一番周折。我們先搭兩個小時飛機到棉蘭，然後換搭車，還要再走三個小時的鄉間公路。來接我們的那位司機大哥開車很衝，他似乎很不喜歡「前面有車的感覺」，一路拼命超車，險象環生。當他終於把車停下來，我偷偷鬆了一大口氣，以為總算安穩到達。還沒，想得美，接下來還要走路。沿著湍急的河流走上一段泥濘的黃土小路，穿過一排民家平房，上坡，下坡，穿過一個小樹林，再經過一排民宿木屋，遙遙迢迢，還是到不了我們的落腳處。途間經過民宿區，我們陸續看到零星的外來遊客，有一個金髮女孩坐在屋邊，正在哀哀哭泣，往前走的樹林還有兩個外國阿逗仔，一男一女躺在屋簷下，正在倒立做瑜珈。我和孩子們互看一眼，懷疑我們到底來到了什麼地方。

二十分鐘後，我們一行人終於來到預訂的民宿。這棟民宿背山對河，位在小路的最底處，再往下走便是國家森林保護區的入山口了。我們拖著行李，順著階梯往上瞧，眼前是一落造型精緻的鮮橘色木屋群，看起來令人精神一振，也教人心中充滿無限期待。

民宿主人很驕傲的跟我們說：「你們住的那間在最上面，可是我們這裡最頂級的蜜月套房喔！」

蜜月套房？我轉頭看看我身邊的兩個小孩，想不懂這樣貼心的安排對我們母子三人來說，會不會太浪漫啦？

大門一開的時候，我們三人大叫一聲，三張嘴巴開得好大，因為這蜜月套房真

從容與適應，是原始而美好的大自然給我們的第一堂課。

大，有大客廳有大臥室有大衛浴還有陽台；這蜜月套房真藝術，有雕木有奇石，還有一艘木船張著白帆裡頭端放著一張雙人床！我們全呆了，因為完全沒想過，在這叢林郊野還能住到這麼特別的房間。

我們放下行李，東摸摸西瞧瞧，女兒跑到陽台試躺一下軟布吊床，興奮得不得了。我們迫不及待的想知道，住在這個風味獨具的蜜月套房，會是什麼滋味？是什麼滋味呢？是一番從沒料想過的「自然」滋味。

Bukit Lawang的第一個夜晚，我輾轉難眠。寂靜的長夜裡，水聲轟轟不停不歇。白天的時候我完全沒注意到，浴室窗戶外頭看來纖細的小瀑布，到了晚上會轉身變成一條大河，嘈切的在你的耳邊奔流不止。而夜半才進駐樓上的一家瑞典人，四口之家在薄板上踏踏走動，一聲一聲彷彿就踩在你的心口上。好不容易淺淺睡去，一大早廁所後方傳來一陣強烈騷動，我循聲追蹤，唉呀我的天，一群野猴居然在那透明的塑膠屋頂上來回追逐跳躍，開起晨間運動會！

我想我有點懂了，為什麼叫做蜜月套房呢？因為只有沉醉在蜜月喜悅中的人，才會完全不受到這些干擾，或者說，才能把這些擾人清夢的聲響全部當成大自然的禮物，而甘之如飴。

而我不行，我只是一個跟叢林生活很不熟的歐巴桑，一點都不浪漫，只想在白天奔走的旅程之後能夠安穩的睡個好覺。所以，隔天我換了房間，順著階梯往下搬，從頂端的浪漫蜜月房搬到靠近人間的溫馨家庭房。

沒錯，我離山邊的瀑布遠了，可是我也離底下湍急的河流近了。夜裡，當奔流的河水聲透過沒遮欄的竹窗聲聲逼近，我確定了，接下來的這個星期，不論我搬到哪個房間，我終究還是在叢林原始的手掌心，怎樣也逃不出去了。

從容與適應，是大自然給我們的第一堂課，我們的叢林生活自始展開。

雨林、火山、珊瑚礁

蘇門答臘島（SUMATRA）為世界第六大島，綿延橫亙在赤道長達兩千公里，土地面積是爪哇島的四倍，人口卻不足其四分之一。島內第一大城為「棉蘭」（Medan），知名觀光景點如：多巴湖（Danau Toba）、尼亞斯島（Palau Nias）、武吉丁宜（Bukittingi）、巴譚島（Pulau Batam）等，在該島可探訪茂密雨林、環形火山湖或美麗珊瑚礁等熱帶風情。

之二：Discovery

他們都做些什麼呢？

坐在民宿的半露天早餐桌旁等著我的水果鬆餅時，有個男子抓了把吉他，從眼前小路一閃而過，像隻貓，往河邊無聲溜去。

我開始吃水果鬆餅時，那男子背對著我們，坐在河岸，開始彈起吉他唱起歌。河水湍湍，聽不清楚他唱些什麼，唯一可以確定的是，他唱得很專心，很入神。

我想他應該是把小河當成他的死忠聽眾了，一首唱過一首，他唱了好久好久。

女兒拿起相機，躲在小樹叢這端偷偷拍他。大女生頗有眼光，光看背影就看出來，這一定是個帥小子。

他唱完歌回過頭來，抓起吉他又從我們眼前經過。當他和兒子眼神交會的時候，兩個人不約而同倒退一步，又往前一步，接著大叫起來：「啊，你怎麼會在這裡？」

這個眉清目秀果然很帥的年輕小夥子，正是上次兒子跟學校來Bukit Lawang校外旅行時的小組導遊。沒錯，我有點印象了，我好像在相片上看過他（就算是歐巴桑對帥哥還是難免有點綺想）。這兩個久別重逢的兄弟興奮到不行，還在又叫又笑，我站在一旁微笑看著，心裡的ＯＳ是：「這裡的人還真熱情啊！」

這樣的相遇是巧合嗎？其實一點也不。在這深山林內的小村落裡，許多年輕男子的工作正是外來遊客的野外嚮導。他們生於斯長於斯，對這山這河這土地再熟悉不過，是不做第二人想的野遊領路人。每年從世界慕名而來的遊客一批換過一批，可這些嚮導數來算去就是這些在地小夥子，所以幾個月後的舊地重逢，其實一點也不稀奇。

我比較好奇的是這份嚮導工作的內容都是些什麼呢？幾天下來，我偷偷觀察出一個大概。嚮導們領著遊客換證入山，近者走一段崎嶇山路，在山腰處觀看紅毛猩猩餵食過程。遠者登山數公里，披荊斬棘一身泥濘，把外來人弄得狼狽不堪或者大呼過癮。有時候遇到特愛冒險的西方阿逗阿，一夥人背起帳篷炊具，跟隨嚮導入山一個星期，和紅毛猩猩搶地盤，千辛萬苦偷來一點反璞歸真的野趣。夠刺激吧，也夠冒險。不過別擔心，這些當地年輕人十八般武藝樣樣精通，野外生活一點都難不倒他們，時間到了，平平安安又把遊客送下山。

遊客來了，他們是當然嚮導，工作接都接不完。可是像現在雨季來了，遊客少了，他們做些什麼活呢？有些小夥子就地住在村莊的各家民宿裡，或當老闆，或當夥計，共同打理住宿和餐廳的生意。到了晚上，河岸旁，成排木屋餐館的小燈昏黃亮起，遊客三三兩兩出來覓食，年輕的嚮導搖身一變成了掌櫃和店小二，招呼客人，點菜送菜，身手俐落，還是看得出來他們在叢林之間的矯健模樣。

可我還是疑惑。我是個標準的城市佬，一身市儈習氣，還患有時間焦慮症，我忍不住打破砂鍋問到底，那平常呢？白天呢？這些身強體壯精力旺盛的年輕小夥子，他們在這個寧靜無爭的僻靜之地，都做些什麼呢？

我靠近他們的生活，一步一步接近我要的答案。

晨起，薄霧還在，有人對著青山綠水彈著吉他唱著歌。太陽出來了，有人脫得只剩一條內褲，迎著陽光站在河裡，全身上下抹上肥皂，然後飛魚一般沉進河裡，痛痛快快洗個澡。接下來呢？長日漫漫，有人爬高高補綴屋舍，慢工出細活。有人花一天時間砌一條碎石步道，用小石子慢慢拼出幾朵生動的小花。有人蹲在矮叢裡整理花圃，好久好久。也有人，什麼事都沒做，坐在了無客人的餐廳閒聊天，逗孩子玩耍，看貓咪打呼。要不，對著河水，打個淺淺的盹，發個長長的呆，也沒什麼不可以。

時間在這裡，走得輕巧，去得無聲，彷彿靜止了一般，流動的只有潺潺不絕的河水，以及來了又去的外來遊客。

有一天我和某家民宿的年輕老闆娘閒聊天，她跟我說這裡直到三年前才有了電力。一到入夜，除了星月為伴，就只能借光燭火了。我很無厘頭脫口問她：「那都不能看電視喔？」她搖搖頭，卻說：「有啊，不過我們只有一個頻道。」她把手指向眼前開闊的青山與奔流的河水，「那就是Discovery啦，哈哈哈！」

我們母子三人無端闖進Discovery的現場，在紅毛猩猩的地盤邊邊成日晃蕩。幾天之後，如果不去努力算計，還真不知道，今夕是何夕？

之三：小孩和小貓

在Bukit Lang的山野之間，女兒鏡頭下除了帥哥，還有可愛的小小孩。

民宿裡的四歲小男生很酷，被媽媽打理得乾乾淨淨的，每天在背山的自家和面河的餐廳之間跑來跑去，自顧自玩，不太搭理人。起碼，他不買歐巴桑的帳，每回我跟他說話，他都好像沒聽見。所以當我發現女兒為他拍下的照片時，驚為天人。怎麼？他面對大姐姐的時候居然是這樣的活潑？奇怪了，我對他也很慈愛啊，為什麼他就不擺這個俏皮的pose給我拍咧？

這是個幸福的小男生，和爸爸媽媽弟弟住在這塊純樸的土地上，領受著大自然給他最棒的禮物：乾淨的空氣，天然的山水，開闊的環境，自由的作息，無虞的衣食，以及周遭人們滿滿的愛。看著他，我暫時忘卻了在雅加達的所有印象，我不記得那些赤著腳丫子滿街亂竄，紅燈亮時突然趴在你車窗邊彈吉他伸手要錢的小孩們。我不去想起那些尖峰交通時段，被媽媽背在腰間，橫在路緣等著司機欽點上車的joging baby。天橋上睡躺在媽媽身邊的小乞丐從我腦中消失了，在雅加達狹窄繁忙的巷弄邊危險的踢著球的孩童從我的記憶裡散逸無蹤。此刻開始，我再也不會用雅加達的方式去記住印尼孩子們的模樣，我希望日後當我離開這個國家，我唯一記住的是像他一樣的臉，那上面有著簡單但飽滿的幸福。

從女兒的照片上我才發現這小男生很帥呢。那天早上他睡眼惺忪的起床，媽媽吩咐廚房給他做早餐，一盤好香的印尼傳統炒飯（nasi goreng）。他坐在我們旁邊桌上，埋頭吃得很開心。那炒飯也是兒子的最愛，最高紀錄一次連吃了三盤。

女兒拿相機的時候很乾脆大方，不像我那麼猶豫，每當我還在扭扭捏捏考慮好不好按快門的時候，她早已喀嚓一聲，把孩子們來不及反應的表情忠實的記錄下來，這點我望塵莫及，甘拜下風。

不過也正因為這樣，幾天下來，相片中某個年輕媽媽，一直追著女兒要相片檔案。我們考慮幾天才把相片存下來給她，因為我們不確定她是不是喜歡自己女兒下巴黏著兩顆飯粒的模樣。

我真心喜歡這些叢林村落的小娃們，乾乾淨淨活活潑潑，他們在物質的享有上不及城市的水準，可是他們的快樂指數看起來可遠遠來得高。會不會是因為他們與土地是那樣親暱？與自然是那樣親愛呢？

除了孩子，這裡連貓咪都很幸福。小徑上到處都是貓咪的蹤跡，懶洋洋，肥嘟嘟，各自找個角落安閒的睡覺打呼，任憑誰從它身邊走過也不能會驚擾它。其中女兒最愛的一隻肥貓咪，成天曬太陽，閒打盹，完全不理她拼命拿著相機瞄準它。我有理由相信，雅加達的貓應該會很羨慕它。

叢林邊，河岸前，晴天朗朗，月空皎皎，這裡的小孩和小貓，在大自然的懷抱裡快意生長，何其幸福！

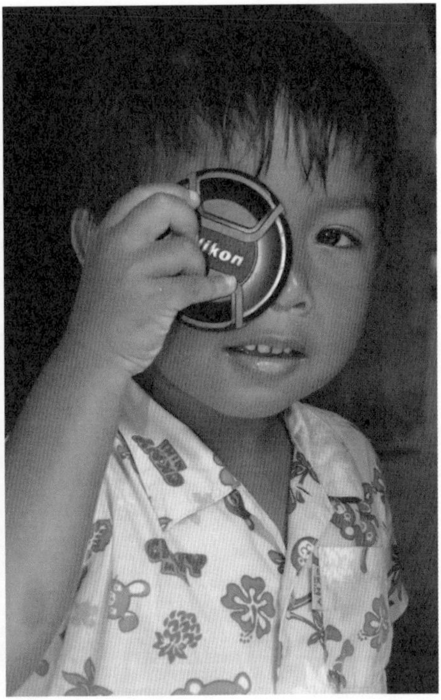

天真可愛的蘇門答臘叢林小孩

12 大象叢林

真正的叢林生活要從離開Bukit Lawang之後才正式開始。那是我們的下一站——Tangkahan。

漫長路途必須依靠著動力強大的越野車和嫻熟路況的司機才能完成。整整三個小時的車程，地無半里平，車子以上下跳躍和扭曲蛇行的方式艱難移動。我們母子三人挨在後座，身體也隨著車子的震動，上下左右不停搖擺。時光倒轉，我們瞬間回到多年前在兒童樂園坐碰碰車的回憶裡，只是現在車外景致絕非色彩繽紛的童話世界，而是灰色黯沉的農村原貌：泥濘黃土路，簡陋茅草屋，偶爾眼前飄過一抹突兀的色彩，那是曬在竹竿上跟著老天搶太陽的各色衣物。盯著車窗外超乎想像的窮鄉僻壤，我一次又一次在心底驚呼，原來，我之前對印尼的認知竟然是那樣的狹隘。

農村的盡頭有時是一大片棕櫚園，車子隨著坡道繞來繞去，樹影壓頂甩之不去，宛如蟻走迷宮，我們似乎怎樣都找不到出口。剛好又遇上一場午後急雨，雨刷奮力刷開的景物綠糊糊一片，綠意和水氣糾纏在一起，分都分不開。

長路漫漫，一度以為險路已經走到了盡頭，卻還沒有。翻了山，走了村，穿了林，還得過了水。途間車子險險經過幾座架設簡陋的木板鐵橋，匡啷匡啷，我眼睜睜從木板縫隙間看著車輪下河水奔流，心裡有點害怕。然而後頭真正教人害怕的是，當車子遇上淹滿泥水的小路卻還必須涉水行舟時，我不知道有什麼方法可以掩飾我的擔憂。要是車子拋錨在這荒郊野外的泥濘雨天裡，前進不得後退無門，那該如何是好？

山路泥路水路碎石路，路路相疊，我們終於歪七扭八走到了盡頭。在叢林入口的管理處下了車，雨還在下，行李被放在濕答答的狹小走道，我走到通道底，放眼望去，一條黃濁濁的泥河和一片濕溽溽的叢林正在那裡，等著我。

正好，從棉蘭機場快車兩個多小時趕來會和的丈夫和uncle J也隨後抵達。我快步靠過去車邊，看見睽違多日的丈夫，開口只說：「拜託，我可不可以住一天就去棉蘭？」

真沒出息的都市人啊，我想念一床乾爽的被褥，我想念一次熱氣騰騰的熱水澡，我想念不用一直吃印尼炒飯和gado-gado（花生醬蔬菜熱沙拉）的日子。這深山林內的幾日，對我來說，已經足夠。

廢話少說，先過了河入了林，把眼前的這一天豐豐足足實實在在的過了，其他的愛恨情仇，容後再說。

扛起行李冒著雨往下走一段石階，大河上有一艘木筏正在那裡等著過路人。我們走上去，找塊甲板角落站著或蹲著，好奇這只有繩索沒有馬達的木筏該如何移動。幾個人研究半天沒個譜，胡亂猜測著也許是靠著移動繩索的角度來改變船頭的方向。答案還沒出現，岸邊已在眼前。

上了岸又走了一段林間長路。路上既雨且泥，每個人身上都濕了也都髒了，模樣狼狽不堪。想不到越是這樣，大家的心情越是出奇亢奮。這下子可真是闖進叢林裡了，我完全不敢想像，等一下出現在眼前的住處會是怎樣原始的光景。

坐落在樹林之間的小木屋，一點都不意外的，所有設施都以最原始的樣貌呈現。我並不驚訝，我甚至僅僅還因為挑選到一間不那麼潮濕的房間而暗自竊喜。把行李安置妥當之後，我們趕著天光猶在，四下走走，最後趁著天暗之前，在臨河的餐廳吃了一餐飯。當深夜來臨，無聲無息的，電力嘎然中斷，每個人已經識趣的把自己擺平在床上，隱沒在完全的寧靜和黑暗裡。

叢林雨夜，沒有星光沒有月色，夜半醒來，伸手不見五指，完全的黑暗令人驚慌莫名。可叢林之夜並不是完全的寧靜，每隔十分鐘，不知哪裡躲著的一隻小狗準時汪汪作吠，隔天一早那聲音還在，可是遍尋不著聲音的主人。一夥人又胡亂猜測，也許是躲在木頭裡的巨蛙吧！

隔天一早我們又搭著木筏過河，天空已經放晴，我們沿著兩旁的棕櫚園走一段長路去看大象洗澡。原本丈夫把我們騙到這叢林來，便是為了可以騎大象穿林過河，可沒想到來得不是時候，可以出任務的大象因為各種原因紛紛休工，僅剩的兩隻大象也已經被別人預訂，我們唯一能做的只剩下看大象洗澡了。

來到河邊，才知道不僅僅是看大象洗澡，其實是幫大象洗澡。這時，在這人跡罕至的叢林河邊還出現了另一家人，那是前幾天在Bukit Lawang時同一天入住我

們樓上的一家子瑞典人。真巧，我們的行程幾乎一模一樣，而且原來我們的大象也是被他們早一步捷足先登。東西兩戶人家外加uncle J便是今天免費的洗澡工了。這幾個毫無經驗的工人圍著幾隻大象小象，怯生生的相互打量，漸漸的有人鼓起勇氣伸手摸摸它，哎呦，象皮好厚而豎立其上的象毛好硬，那感覺完全超出原先的想像。接下來，當地人給了我們小刷子，示意可以一起幫它們洗澡。拿著刷子我愣了好久，怎麼洗啊？胡亂輕輕刷，胡亂沖沖水，我們這樣亂洗一通，對大象來說肯定是隔靴搔癢，一點用處都沒有吧。

雖然沒有騎到大象，可是至少看見別人騎大象。我們遠遠的看見瑞典兄妹騎在大象上緩緩走入叢林，涉水而過。最後還看見他們頭戴花環從河的另一岸凱旋歸來，那一幕像極了當年布魯克雪德絲的藍色珊瑚礁，充滿了原始的浪漫。我喜歡像這樣人象和睦共處同享大自然的時刻，那一點也不讓人覺得誰冒犯了誰，或是誰一不小心闖進了誰的地盤。

當天下午我們果真離開Tangkahan，比原先的計畫早了一天。對我來說，叢林的印象夠了，滿了，已經足夠我在下半輩子絕無可能忘記它了。

那天晚上我們回到棉蘭市區，沿街找了一間旅館入住。當我打開房門，看見

雪白的床褥，忍不住飛撲而上。當我打開熱水痛快的洗了一個熱水澡，我的眼淚幾乎掉下來。當我回到原本的都市生活裡，將近一個星期的叢林時光偷偷的打我眼前一閃而過，在剎那之間，成為往事。

帶著淚與笑，痛苦與歡樂，原始的叢林探遊，那將是永不遺忘的美好往事。

13
綠色峇里島

之一

長住倫敦的姑姑來雅加達小住幾日，我和好朋友華姐領著姑姑飛到峇里島，先在市區一間私人villa借宿一晚，打算隔天驅車前往烏布鄉間。

那天一大早拉著行李準備離開，離大門僅僅五步之遙，我一不小心踩到石板上的青苔，滑了一跤，擦了右膝拐了左踝。慌亂之中我迅速站起來，頭也不回往前走。門外，細雨霏霏，陽光初現，一刻都不能耽擱呢，這一天緊湊的行程才要開始。

這棟villa藏在庭院深深的小巷底，充當導遊的在地朋友把車停在幾百公尺的大馬路外頭，我們得扛著行囊，徒步走出去。穿著一條短褲，踩著一雙拖鞋，拖著一卡行李，傷了一個膝蓋，扭了一隻腳踝，定睛一瞧，啊，眼下有一條長長的，坑坑疤疤的碎石爛泥路正在等著我。

朋友和華姐走在前頭一下子失去了蹤影，我和姑姑提著無法落地的行李，踩著泥路緩慢的跟在後頭。小路原就崎嶇不平，一夜落雨後，更加濘礩難行，我們一面避開泥水還要閃躲來車，一身狼狽，不在話下。

恨不得蒙頭快快走完的一段路，想不到姑姑走到中途還是停下腳步。一如所料，熱愛攝影的她拿起相機，放下大包小包的家當，把鏡頭對準旁邊的一畦稻田，安心立命，拍起照來。我站在旁邊等著，只是等，沒想費勁從袋子裡挖出相機。身邊不時有摩托車經過，我還要小心避開，免得被濺上一身泥水。我抓緊行李包包，看緊車影動靜，沒有多餘心思分給其它景物。

姑姑還在專心的拍。我站了許久，終於心動了。手忙腳亂從肩上袋子翻出相機，從鏡頭裡看出去，啊，好美的稻田在雨後的陽光下閃閃發光。

原本干擾著我的坑坑洞洞泥泥水水在一瞬間溜了蹤影，甚至腳上隱隱約約的痛也剎那消失。在那個幸福的片刻，我的眼前只有一片美麗的稻田和一個綠油油的峇里島，除此以外，再無其它。

之二

小車蜿蜒上山，一程遠過一程。烏布的鄉間公路狹窄細長，分隔線兩旁僅容兩車各安其位小心駕駛。可偏偏我們發現好多對向來車習慣壓在分隔線上行駛，而且眼見已經都要兩車交會了，才悻悻然懸崖勒馬，急急拉回正軌。住在烏布已經多年的朋友一邊閃避險要迎面撞上的來車，一邊碎碎念道：會不會這裡的分隔線和我們的定義不一樣呢？

險象環生。我和華姐坐在後座，對眼前直闖而來的來車嘆為觀止。姑姑坐在前座，不時把手拉在門邊手環上。我不用看她的臉都看得出來她很緊張，因為她的背影沉極了，彷若一張繃緊的滿弓。

難為她了，她在英國住了二十多年，一定不太能適應印尼如此隨興不羈的開車習慣。

一個多小時車程，穿山走霧，終於等到朋友開口說：「梯田就在下個轉彎處。」一夥人伸長脖子正一探究竟，結果探來的是一路攔車人，他們在車窗外問道：「你們是賞景還是路過呢？如果賞景，請留下買路錢。」

朋友一聽氣又來了。他又開始碎碎念：「收錢？以前沒這回事呀！」我們幾個外人聽了也覺著無稽，怎麼看看路邊梯田也要收錢？太奇怪了！

車行往前，小小的道路兩旁停滿大小車輛，我們的小車一度被擠到道路最邊邊，再差幾公分就要掉進一旁水溝裡了，我閉起眼睛索性不敢往外看，而前座的姑姑是什麼表情呢？我猜都不敢猜。

好不容易安全停妥車，下得車來，這才看清楚梯田的真面目。小巧精緻的一片梯田恰巧落在佔盡地利的轉彎處，遊客們站在高處便可以一目了然。幾戶店家沿著山坡蓋了幾座亭子做起生意，供人安坐裡頭喝茶賞景，還有一位老農荷著鋤擔讓人拍照。我夾在各國旅客之間，遠眺近觀，這梯田美則美矣，可是卻和我的想像大有出入。

走得這樣遠了，我以為那會是人跡罕至的世外桃源，結果還是一座人車紛擾的觀光梯田。我問朋友：「一定還有更天然的梯田風光吧？」朋友笑說：「那是當然，只是藏在深山鄉野，車子很難開得到。」

那就是了。我只是一介普通的觀光客，當然無緣目睹那最自然的農村景色。不過沒關係，我把相機拿出來，姑姑已經站在前頭，老早一股腦掉進錯綜複雜的綠色阡陌裡。

鏡頭裡只有綠油油一片，沒有艱難錯車的複雜路況，沒有攔車索賓的光怪陸離，沒有擔著鋤頭與遊客合照的農夫，沒有小攤沒有人潮，只有一個綠色的峇里島，純淨安適，在我眼前。

之三

我起了大早，拿了相機出門去。

晨光裡的烏布鄉間，滿滿都是帶著露水的新鮮。我往旅館的深處走去，半途遇上兩個赤裎著上身的阿逗啊，我才起床呢他們都已經晨泳完了，大好春光掐得真緊，一點兒也不浪費。

這家座落在稻田之間的旅館是我刻意挑選的，我想嚐一嚐在稻田之間醒來的滋味。果然，椰林花影，鳥叫蟲鳴，當然還有綠意環繞。我大步走，大口深呼吸，烏布鄉間的恬靜意趣，的確名不虛傳。

鏡頭裡只有綠油油一片，一個綠色的峇里島，純淨安適，在我眼前。

在深宮大院裡閒晃還是不過癮，我走出旅館，跑到門口的一處稻田邊，妄想把眼前的綠色大地打包帶走。一開始，我站在邊邊很節制的很秀氣的東拍拍西拍拍，後來，得寸進尺，一腳踩進田埂裡，耳邊馬上傳來門口警衛好心的叮嚀，要我小心一些。我轉頭微笑以對，然後在下一分鐘一溜煙跑進稻田更深的那一頭，這時有位農家大嬸拿著斗笠從我身邊走過，微笑看了我一眼。

走得越深，稻色越濃，可蚊子也越多。我的腳上已經被叮了好幾包，我一邊抓癢一邊調整鏡頭，鏡頭裡的綠色都快要滿出來了，誰還來得及管它滿腿紅豆冰？

我的眼前只有一座綠色峇里。

這一回，怕蚊子的姑姑終於關機投降，而這也是我們在峇里島的最末一天了。

14

最後一顆珍珠：龍目島

每當我在雅加達宅久了，心裡呼之欲出的野性盼望又會開始蠢蠢欲動——我熱烈渴盼去一個可以大步行走的地方。在印尼，這不難，因為有數不清的小島可以滿足我簡單的想望。三年裡，我們因此去過許多罕為人知的世外桃源。不論哪一座島，海闊天晴是它們共同的風景，在那裡，找一個藍色的角落，把自己徹底丟進去，無所事事，放空放鬆，把自己放逐在海天之中，是身為城市人再幸福不過的事情。

三年後，當我們即將離開印尼回到台灣，丈夫思索著，是不是該找一個小島進行一場畢業旅行呢？龍目島，不約而同閃進我們的腦海。但除了知道它是珍珠的重要產地之外，我們對龍目島沒有任何概念。身邊朋友大抵都去過龍目島，想必是一個旅遊的重要指標。沒去，好像說不過去。

「三年了，你們居然沒有去過龍目島？」那天我在健身房遇見一個印尼太太，她表情誇張的失聲驚叫，好像我做了一件不可思議的事。她花很多時間跟我描述她有喜歡龍目島，我聽來聽去，覺得那似乎是另一座峇里島，熱鬧又時髦，有很多觀光客四處晃盪，還有很多年輕力壯的阿兜啊騎著摩托車載著辣妹滿街跑。那跟我遺世獨立的想望，並不一樣，我想要的不多不少，僅僅是一座安靜的小島。

好朋友安琪從比利時來訪，她才去過龍目島，住在朋友開設的一家私人行館。我上網看了看，發現那是極其高級卻又極其昂貴的休閒行館，內部裝潢雖然雅緻精美，我還是看不出所以然，拼湊不出這島的大概面貌。

那就去吧，機票買了，去親身看一看，那珍珠小島究竟在大海之中閃耀著什麼樣不為人知的光芒？

結果，龍目島，完全不是我想像當中的模樣。從機場到旅館的一大段路程，是樸拙天然的小村景致，也不見有什麼外國遊客在街上趴趴走。沿途有一些簡單的民宿點綴其間，可是完全看不出來當地居民的生活因為外國遊客而有所不同。我喜歡這樣的島，兀自原始著，讓人一眼就看到它的真性情。

丈夫選擇的第一家旅館其實是離市區較遠的一座休閒渡假村，占地廣闊，椰林綠蔭，自成一片天地。放下行李以後，我們迫不急待往裡走，穿過幾座饒富島上風情的建築，走到盡頭，藍天，大海，白沙灘，沒遮沒攔，正在眼前。我等不及拿出相機，要把乾淨開闊的海天一色留在鏡頭裡。興匆匆按下第一道快門，了無反應。天啊，相機的記憶卡居然被女兒留在家裡的電腦裡。

收起相機，我面對著大海發呆，心想，難道是老天爺刻意的安排，要我一心一意、毫無旁騖的與天然美景合而為一嗎？

整個晌午，四下無人，我們坐在沙灘上的幾朵發呆亭，各據一方，看各自的天，聽各自的海，想各自的事，發各自的呆。雲影來去變幻，海濤前後奔走，潔白發亮的沙灘上有一隻老牛，脖子上掛著一個大鈴噹，叮咚叮咚，一遍又一遍的來回犁沙，留下一道又一道平整的痕跡。時光靜和美好，仿如夢幻一場。

可是還是不免心有不甘啊，黃昏將至，丈夫去櫃台詢問哪裡可以買到記憶卡，「沒有耶！」服務人員一再搖頭，不過他建議我們可以騎摩托車到附近小村莊裡

龍目島，喜歡這樣的島，兀自原始著，讓人一眼就看到它的真性情。

去試試，雖然機會不是太大。再不然，那得開車到一個小時外的市區才買得到了。

騎摩托車？丈夫眼睛登時一亮。他馬上登記租車，回頭找到還在海邊兀自發呆的三個人，催促我們快快醒來，「我們去騎摩托車！」當他這樣說的時候，我們眼神迷濛看著他，一下子還會意不過來。

上次四個人騎摩托車是多久以前了呢？八年前，台灣綠島的深夜，我們前後兩輛摩托車在海濱小徑奔馳，到現在我都還記得那拍拂在臉上的鹹鹹海風，以及，頭頂上萬物俱靜的黝黝星空。現在，一座島，兩輛車，四個人，曾經有的記憶要在世界另一端再來一遍嗎？

女兒坐在後座，緊緊抱住我，她一直很懷疑的問我：「妳確定妳會騎嗎？」別開玩笑了，南部小孩哪有不會騎摩托車的道理？我發動引擎，歪七扭八衝出去，一邊騎，一邊尖叫：「天啊，我多久沒騎車了？」

窄窄的柏油路僅容兩車勉強通行，我騎得膽戰心驚，只敢像烏龜一樣慢吞吞。一路上，得小心不時有飛馳的卡車前後夾擊，還要當心一不注意騎落一旁的碎石路。丈夫載著兒子騎在我的前面，母雞帶小雞般小心翼翼，兒子還一直回頭隔空大喊：「小心啊！」我知道我們的模樣一定很滑稽，因為一旁村民盯著我們瞧，那眼神好像看著馬戲團的免費演出。

停下來找了幾家小店，遍尋不著我要的記憶卡。一回頭，暮色已經濃濃的追上來，我們索性就地進了一家臨海的小餐廳，和幾桌不知打哪裡來的老外們，在燭光下，閒散的吃晚餐。

離開餐廳，小村已是一片漆黑。我們騎上車，擎著兩盞夜燈，破黑前行。暖過身，我膽子變大了，咻一下，越過丈夫的烏龜車，加速飛去。風在我耳邊呼呼作響，遠方星星當空歌唱，兒子又在遠遠的後方大叫：「小心啊！」我嘿嘿竊笑，這小島夜騎，又是一次難得的自由飛行。

隔天，一早來接我們的司機總算帶我們買到珍貴無比的記憶卡，離開前，我用半個小時，把碧海藍天闊迅速打包，留在鏡頭裡，如實帶走。

第二天的旅館比較靠近市區，那是坐落在大馬路邊，由圍牆圈起來的一片境外之園。旅館風格簡約精緻，來自世界各地的外國遊客把獨棟木屋全數住滿，一間也不留。他們在躺椅上小寐，在藤椅上喝咖啡，在游泳池戲水，在高級的餐廳享受高級的餐點。走在園子裡，除了那片海那片沙灘，你會突然忘記你在龍目島，當你靠近那海，走在那沙灘，當兜售紗巾的婦女、叫賣珍珠手鍊的小女孩、捧著椰子抓著剖刀的小男生全部圍上來，你又記起來，沒錯，你確實是在龍目島。

陽光還是好棒，海水還是好藍，我幫女兒在海邊拍了許多美好的照片，鏡頭裡，大女生的背景藍澄澄一片透著乾淨的光，我滿意的笑了。無論如何，眾人喧嘩之間，我享受到那一份靜謐，一點都不用懷疑，那還是我所鍾愛的珍珠之島。

龍目島，我們在印尼大海之中收集到的最後一顆珍珠，閃耀耀，亮晃晃，美好純淨的光芒將跟隨我們，回到久違的家鄉。

龍目島

相較於遊客眾多的峇里島，龍目島有「無人的峇里島」之稱，位於印尼的努沙登加拉群島（NUSA TENGGARA），有雄偉火山屹立在島上，亦有美麗沙灘與適合衝浪的海域。

努沙登加拉群島除了龍目島，其他如松巴哇島（Sumbawa）、弗洛勒斯島（Flores）、松巴島（Sumba）、西帝汶（West Timor）等，皆是多采多姿的美麗島嶼。

15

亂走吉隆坡

年底長假，我們去了一趟馬來西亞。

我對馬來西亞沒有概念，只知道它就是東南亞的一個國家。而東南亞，除了泰國，我的既有印象僅只於印尼。而印尼，它膠著的站在先進和落後的中間，我住在這塊土地上，在快意和沉重之間遊移擺盪，有點矛盾有點不明所以。我以為，不遠的馬來西亞可能也相去不遠。

地理太爛，歷史太混，眼光太淺，我到了吉隆坡，馬上發現我過去的無知與淺薄是這麼的無稽與好笑。

我們走在吉隆坡街頭，不時發出驚嘆，很像一群從鄉下進城來的大嬸婆。我們嘰嘰喳喳大驚小怪的說：啊！這裡空氣真好、街道真乾淨，有空中捷運，有乾淨明亮的公車，還有漂亮的人行道可以讓人在路上暢快行走。這裡，其實有一點點像台北。

像發現新大陸一樣的驚喜，我們到處去遊玩。滿街走路坐公車轉捷運，背著包包亂玩一通。第一件事，按圖索驥尋找肉骨茶新峰老店。明明是剛下飛機的四個人卻已經是識途老馬一般的搭捷運，在人群裡大步穿梭，走起路來還勇往直前虎虎生風。半路，還沒吃到肉骨茶先遇上久違的油炸雙胞胎，QQ的口感好吃極了，啊，竟然可以在吉隆坡遇見八里的美味，真幸福。

沒想到老店下午竟然關門休息，我們找了另一家，照樣吃到炒粿條和肉骨茶，亂吃一通，填飽肚子繼續上路去探險。

搭捷運，趕在天黑之前抵達雙子星大樓。殊不知登頂的門票有名額限制，當天的額度早已用罄。出來的時候天色已晚，雙子星在暗夜裡散發出白錫的光澤，層層疊疊很有風情。我們捨不得這樣清涼的夜這樣美麗的景，於是我們決定徒步走回旅館。住在雅加達經年之後，我們對旅途的要求變得很容易滿足，只要有安全乾淨的人行道可以放膽去走，已是一份簡單的幸福。

沿路的聖誕燈飾提醒我，這天是平安夜。回想起來，過去三年我們的平安夜都是在旅途上，之前在新加坡，再之前在馬德里，人家是趕著回家我們卻老趕著出門。把家帶著走，走到哪裡都可以是團圓的平安夜。

隔天，繼續行軍。一早我們再度拜訪雙子星，沒想到，還是搶不到登上樓頂的名額，白忙一場，只好相互照相證明到此一遊。

坐公車轉捷運，下一個行程是什麼呢？去Time Square讓愛漂亮的大女生逛街，讓童心未泯的大男生玩室內遊樂園。幾個樓層密密麻麻幾百個小鴿籠，我和女兒走在中間頭暈目眩像是來到西門町，沒幾個小時自動宣告投降。

接下來丈夫突發奇想想去看看中國城，說得容易做得困難。在小小的捷運月台，我們被擠在逃難似的人潮之間進退兩難，過了三班車都要擠成乾扁四季豆了還是上不了車廂，英明的戶長大人當下喊卡，退出戰場。原本想說攔輛計程車吧，結果司機以塞車為由漫天開價，我們決定乾脆走一段長路回到旅館。

雖然路程不短，可幸好在吉隆坡街頭走路是一件愉快的事情，我們邊走邊玩，遇到有趣的餐廳還停下來研究菜單，看了半天就是不知道什麼時間能得空來吃。

回到旅館稍事休息，這時外頭街上已經滿是出門過節的車潮。想想我們還是乖乖就近去旁邊的Pavilion廣場見見世面吧。

那裡華燈初上，滿滿都是人潮，到處充滿聖誕的歡慶氣氛。我們還在裡頭發現一個碩大的聖誕中庭，豪華氣派簡直像個歌劇院。本來我們以為雅加達的奢華商場已經無人可敵了，沒想到在這裡才算是開了眼界。

商場裡有好多精彩的餐廳，還有台式小吃，我們在地下室的美食街晃來晃去很難拿定主意要吃什麼。怎麼辦只有一個胃，但我有那麼多想吃的東西，塞也塞不進去。最後明明已經吃飽了，可是又看見油條豆漿，只好打包帶走當宵夜了。

臨要離開前又看見台灣的珍珠奶茶攤，啊，教人怎麼走得開？兒子想要一杯他最愛的冬瓜珍珠，人好多，等好久，都快要站成一顆冬瓜了，可是他還是無怨無悔的耐心等待。

隔天朋友陪我們去吉隆坡的行政中心太子城，這下有專車坐了，不用走老遠的路、轉好幾班車，也不用被卡在捷運月台上不去下不來。閒意漫步，臨走前我們還去坐了船遊了湖呢！天空真藍陽光真棒湖水真美，這個吉隆坡的句點落得可真好。

雖然蜻蜓點水亂走一通，可是，吉隆坡——這個我剛剛才認識的地方，我已經一點一點開始喜歡它。

16 旅行的滋味

馬來西亞，檳城機場。

一出機場，妳最愛的寶藍色夜空它就已經在那裡了，更令人訝異的還有聲勢驚人的鳥叫聲從樹叢的那端湧出來。怕是有幾百隻鳥集結在裡面吧，妳可以感覺到空氣被輕輕震動形成一陣漩渦，以致於你們必須提高音量才能聽得見彼此說話。

你們拖著行李在藍色的夜空和嗡嗡的鳥鳴之間四下張望，你們沒想過這機場這麼簡易而這地方如此僻靜，接下來該怎麼搭車前往市區呢？

丈夫拿出地圖看了半天，又問了幾個人，總算弄懂了該在哪裡等車而等的又是哪班車。

有一輛公車靠近停了下來，同一班飛機的老外們拖著行李幾乎全上了車，車門很快關上揚長而去，紅色的尾燈漸漸消失在暗夜裡。他們共同的目的地不是你們的，你們繼續站在那裡。

等了許久，你們的公車終於緩緩現身，除了你們四人，沒幾個人跟上來，你開始有點懷疑等一下要去的是一個怎樣的地方。

公車擎著兩盞前燈撥開夜色，向前飛馳，你們在位子上隨著轉彎的弧度左右搖晃。四下無聲，車廂內乘客屈指可數，幾盞日光燈白花花的打在空蕩蕩的位子上，妳突然生起一種奇異的感覺，好像搭上了宮崎駿的龍貓公車，輕軟軟的飛在陌生的街道上。

有點恍惚，妳真的不知道妳究竟身在何方。

中間有人上車有人下車，零零星星安安靜靜，有個包著頭巾的回教婦人坐在妳的前方，有個印度家庭繞過你們的行李坐到了後面，有一個華人模樣的單身女子坐在司機旁邊一直看著窗外，還有你們，從雅加達來的四個台灣人，挨坐其間相對無言。

世界地圖上某個小小的點，你們怎麼會落坐在這些人的中間？

車子轉個彎開進狹小的巷弄，陌生的景陌生的人出現在車窗小小的方格裡，妳盯著看，像看電影，不知道下一幕會浮上來什麼樣的驚奇。妳一秒都不輕易放過，好奇心像海綿吸水那樣的饑渴，妳的心在這一刻充滿著奇異的快樂。妳突然懂了，原來這麼簡單——這就是旅行的快樂。帶著一點點不安一點點興奮，那是一種等待謎題揭曉的莫名快感。

窄巷彎曲如謎，倒是有些疑惑在此得到明朗的答案。那些轉角之後浮出來的整排屋樓，老舊而有韻，帶著點西洋的老風情。原來丈夫一路上心心念念尚未見著的南洋風情，不在吉隆坡，而在這裡，老檳城。

貪看，妳一幕幕貪看。路程尚未終結，孩子們開始有些不安，可妳暗自在想，可不可以這龍貓公車一路飛馳永遠也不要停止？

後來你們在某個小街的盡頭被放了下來，暗夜裡那龍貓公車閃著紅色尾燈消失無蹤。魔法消失了，妳回到了現實，妳來到檳城的尋常人間。

你們拖著幾卡行李在明亮空曠沒什麼人的百貨公司裡覓食，走這裡走那裡陣仗驚人，女兒突然回過頭嘟著嘴跟妳說：

「欸，這樣拖著行李逛大街，很好笑耶！」

妳尾隨其後拍下這個好笑的畫面，你們在當地人三三兩兩穿著拖鞋閒晃的平靜生活裡橫衝直撞，看起來的確很突兀很滑稽，

就是呀，要是不突兀不滑稽，怎麼叫旅行呢？

17

檳城

我好喜歡檳城。

這個馬來西亞城市，我對它毫無概念，完全帶著空白的心思到來，頂多假想那可能是另一個吉隆坡，現代化商業化可是又很平民化。我自作多情的猜想，會不會馬來西亞根本就是這個調調呢？

結果是，對我而言，吉隆坡像台北而檳城像台南。和我南部的家鄉有些神似的檳城，氣氛很鄉下很隨和，讓人一點負擔也沒有。我向來是個龜毛緊繃的遊客，很少有陌生的城市可以讓我全然的自在與放鬆，檳城是難得的其中一個。

我們這一天全在檳城老城Goerge Town上四處亂走。從一家公休的美術館開始說起。計程車司機把我們在這條街放下來時，丈夫一眼看見它，掛著「亞化畫廊」橫匾的老房子。我們在緊閉的玻璃門外張望，一下下，門被打開，裡頭的年輕人開口說的是中文，他熱情和善的歡迎我們進去，儘管這天他根本不上班。

畫廊本身其實是一棟登記有案的古蹟建築，我們意不在畫，而在這棟有趣的南洋老屋。典型的馬來西亞老建築有個中庭，上頭是透明的天窗，廳後有長長的木梯蜿蜒通上二樓，二樓中央鏤空，四周開幾扇木窗，團團圍住從空而降的燦爛陽光。如果是雨天呢？那位文史工作者跟我們細細解說，他說下雨的時候把天窗打開，房子正中央就會淅瀝淅瀝下起雨，積聚的水流最後會順著四周的排水小孔逸散而去。「多有詩意呀！」我抬頭張望從屋子頂端正中央流瀉而下的那道日光，忍不住這樣說。

我們在老屋徘徊許久，丈夫和那人聊出悠長的興致來，原來他曾經在台灣上大學，是馬來西亞僑生。丈夫不忘記問他附近哪裡有好喝的馬來西亞白咖啡，得到答案之後丈夫兀自消失了幾分鐘，回來時手上拎著兩袋插著吸管的小塑膠袋，裡頭晃蕩晃蕩正是冰涼的白咖啡。丈夫遞給他一袋，兩人邊喝邊繼續聊，我站在一旁看，覺著眼熟，突然想起我們小時候，到鎮上冰果店買的紅茶也是這個模樣。

他建議我們去附近的「娘惹之家」參觀。什麼是「娘惹」呢？據說舊時許多越洋而來的華人男子娶了當地南洋女子為妻，他們所生下的女孩就被稱為「娘惹」。其實在我聽來那更有一點華人富豪之家的況味。就算事隔多時，影響所及，現在印尼還是有許多當地人稱呼華人太太們為「娘惹」，我的前後兩任老司機就是這樣恭謹的稱呼我，雖然當然我不是什麼富豪之家。

買了門票，四個人分散開來在這棟豪華的大宅院裡逗留良久。院落寬廣而複雜，我穿梭在迷宮一樣的廳室之間，走一走看一看坐一坐，突然想找個角落，在悠閒的美好午後打個小小的盹。

出來後頂著烈日往回走，再度經過公休的美術館，丈夫找了一家隔壁的小麵攤，我們走進去，大咧咧坐在一群喝咖啡閒打屁的中年男子旁邊，吃午餐喝咖啡。外頭日頭炎炎，身邊那幾個好像工作到一半溜出來小聚一回的男人們閒散極了，用我們完全聽懂的馬來式中文大聲喧嘩談笑。這閩南氣氛可真熟悉，我似乎回到小時候在南部小鎮某個與世無爭的家常片刻，這些人這些景象，真像真像。

吃飽之後，開始行長軍走長路，這是旅程之中我最享受的亂走時光。

老街上每一棟房子都是獨特的風景，大膽用色的粉彩屋牆，向著天空飛插的各式屋簷，或圓或菱或方的玻璃窗在樓上樓下肆意開闔，我站在每一棟屋樓前面捨不得走開。又來了，我總是落隊的那一個。

亂走亂走，不意間走到孫中山先生當年為革命奔走募款時的開會地點。丈夫在那棟老房子停留好久，經過導覽人員的講解後我們這才驚覺到，原來檳城這一路，我們都走在歷史的重要腳蹤上，每一步都是極具分量。

走到了大街上，在川流車潮的縫隙之間，我們自然而然匯進一條小巷。走深後，忽然驚覺，原來闖進了水上人家的一方桃花源，兩邊不絕的水上木屋延綿到底就是駁船的大海。我們坐在岸邊打盹看海吹海風，和一隻大白狗無言相望，時間在這個安靜的午後全沒了動靜。我的檳城一天，停格在這個無聲無息的靜好瞬間。

回到雅加達，隔天我無意間看了電影《初戀紅豆冰》，一邊看一邊驚呼，啊那裡頭怎麼全是我初識且愛戀的檳城風情？而謎底揭曉，原來我們誤闖的水上人家就是電影裡的重要場景周氏橋。

我才剛離開，電影已經迫不及待追上來要我回頭留戀張望，真有緣。難怪我要說：「我真的好喜歡檳城！」

18

萍水相逢馬六甲

來到馬六甲的第一天，對這座知名的文化遺產小城，我並沒有特別感到驚艷。我們拖著幾卡行李，穿過長長的街道，終於找到網路上覓來的娘惹風情老客棧。客棧外表看起來很是特別，有中式老宅的氣派，也有荷蘭建築的細緻，整個外牆是雲白的底色配上天空藍的鑲邊，非常顯眼。往裡走，彩色磁磚拼貼的地板，幾扇木窗拱成的天井，還有深深的長廊，一層更深一層，似乎看不到盡頭。來得早了，我們坐在前廳雕花的骨董椅上等待，掌櫃的遲遲不給房間，我們只好先出去沿街閒晃。

轉個彎，掉進繁華的購物大街，兩排觀光意味濃厚的藝品店把我們團團圍住。大同小異的商品讓我有點興味索然，川流不息的觀光人潮弄得我有點心煩意亂。走著走著又忽然腹痛如絞，這一痛，旅行的好心情不免低落三分。走回客棧的小街上，明明連綿著古色古香保存完好的中式老宅，一間一間，眨著兩扇木窗，歲月靜好的站在兩邊。而我，一名煩躁的腹痛旅行者，抱著肚子，拖著步子，緩步向前走，沒能分一點心思去端看馬六甲的古意盎然。

回到客棧，發現等候許久的房間落在老屋子的最盡頭，偏僻而幽暗，還緊鄰著吵雜的廚房。放下行李，我的心情，又往下盪了兩分。

午後，帶著五分不足的心緒出門，晃蕩晃蕩，一夥人莫名其妙晃進一家沉香小舖。把門推開，濃郁的沉香和著滿屋的書墨香迎面撲上來，香香在懷。我們不知不覺在裡頭逗留許久，而我，也不知不覺緩下心，把這次的旅程，重新開機，再度起步。

坐擁一室馨香的主人是曾經留學台灣的在地華人曾大哥。他親切爽朗，跟我們介紹店裡不同的沉香製品與雅致的書法金石。可能是因為被老闆生動有趣的解說給吸引住了，孩子們難得的對老東西顯露出濃厚的興趣，東摸摸西看看還覺意猶

馬六甲的古城老街在暗夜裡散發著古意的光輝。

未盡。由於趕著要上街吃午餐，曾大哥邀我們晚點再過來，他要好好實地幫我們上一堂沉香課。

黃昏，我們依約前往，曾大哥拿出珍貴的沉香木來，削下一小片，放在小爐裡，在奇香薰然之中，耐心解答我們四個門外漢所提出的問題。問得好笑，答得真切，我們不過是偶然之間闖進了他的小店，這個老闆，卻真心誠意的給了我們一個全新的文化世界。從頭到尾，他一點推銷的意思都沒有，反而讓我覺得這樣豐盛的一席課談實在是受之有愧。

我們在旅途之中意外撿到一塊寶。曾大哥除了是沉香專家，也是書法家，還是在報上寫專欄的著名文史工作者。生於斯，長於斯，他對馬六甲的歷史與文化瞭若指掌，為地方的發展與改革投注一腔熱情，從他身上，我幾乎可以窺見馬六甲的時光小縮影。我羨慕他，可以與鍾愛的家鄉長相廝守，為心愛的土地奉獻自我。我是個走得太遠的遊子，漂浪四方，何以為家？對比於他的在鄉生活，我竟覺悵然莫名。

相談甚歡，欲罷不能。離開前，曾大哥主動提議，隔天他開車充當導遊，帶我們好好走一趟深度馬六甲。他說走路只能走馬看花，看不見真實的馬六甲，以車代步，再加上專人解說，那才是真正不虛此行。

才剛認識幾個小時的朋友，卻是盛情若此。我們在馬來西亞，不只遇過一次像這樣單純的熱情。我不禁要想，是因為這塊土地歷經太多次的異國統治，還是因多種族的共同融合，成就了他們更加開闊的心懷呢？

隔天上午，曾大哥翹了半天班，開車帶著我們東南西北到處跑。每到一處景點，他都有精彩的故事可以說，我們小學生模樣乖乖站在旁邊聽，一個早上收穫滿滿，比學校上課還受用。正午，他領著我們去吃道地的台式滷肉飯和牛肉麵，那是觀光客絕對尋不到的巷弄真滋味。吃飽喝足，換個小攤，又找到我們想吃的紅豆剉冰。每次，丈夫搶著要付錢都被他一把攔下來，他堅持善盡地主之誼。問題是，我們才認識一天半，萍水相逢，怎麼能夠受之無愧呀？

他呵呵的笑，一派文人雅士的雲淡風輕，完全不掛心。

回到雅加達之後，丈夫一心懸念著要再回去一趟馬六甲，幾度和曾大哥連繫，卻又幾度因故延宕，始終遂不了心願。一直到我們收到調回台北的通知了，箭在弦上，丈夫很快的和曾大哥敲定時間。這回，我們不只是要舊地重遊，曾大哥還送我一份珍貴無比的禮物，他將為我年前在台出版的教養書辦一場親子座談會。

想都沒想過，我人生的第一場簽書會居然是從馬六甲出發。人生的因緣際遇真的很不可思議，只因為無意之間推開一扇沉香小舖的門，友情來了，感動來了，美好的回憶來了，現在，連簽書會都無端冒出來。

這回，曾大哥開了一個多小時的車，直接到機場來接我們。一上車，他遞給我幾張不同的華文報紙，打開一看，我嚇了一大跳。上面好幾則簽書會的專文報導。這下可玩得太大了！不過是初生之犢的一本小書，怎好這樣勞煩人家大費周章？

黃昏時分，簽書會在沉香小舖的樓上舉行。這間老屋古樸有韻，踩著木梯咿呀爬上樓，一步一步，彷彿踩在時光長廊。我鄭重的走上閣樓小廳，三十幾位馬來西亞的讀者，正在昏黃的燈光下，等著我。

因為人在海外，我一直沒有機會能夠為自己的小書暢快發言，這一天，我在馬六甲愉快的完成了我的心願，把過去三年在歐洲的教養經驗說了個痛快。兩個小時的講座，對我來說，短暫無比，歡快無比，恨不得能把我的小書就著長夜，繼續說下去。中間，我在聽眾的最邊邊，一眼瞄見才剛剛初相見的曾大嫂站在角落，遠遠的看著我，那眼神，不知道為什麼，我覺得那眼神裡有一個故事，還有

滋味千百種，沒有說出口。

座談會結束之後，暗夜已深，曾大哥夫妻把我們帶到一家特別的咖啡屋，吃道地的米粉湯，喝香醇的咖啡。席間來了幾個朋友，都是藝文界的年輕小夥子。看得出來，曾大哥和他們感情甚篤。這時候，曾大嫂像個慈愛的媽媽，開朗而溫暖，和我剛才在座談會的印象很不一樣。

隔天一早，曾大哥又出現在客棧門口，他放下工作，繼續擔任我們的地陪導遊。

我們上車之後，曾大哥轉身遞給我一本小書，輕描淡寫的說：「我這幾年來對人生看得很開。你們應該不知道吧，自從十年前我失去我的大兒子，從此，我整個人生整個改變了！」

他笑一笑，沒繼續往下說，轉頭過去開車上路。我在後座，安靜無聲的翻閱那本紀念文集，從許多同學親友為驟逝的少年所寫的信件裡漸漸拼湊出一個殘忍的故事。十年前的除夕夜，十八歲的曾家少年在返家途中遭搶遇刺，從此一去不回。

我突然想起前一晚的親子座談會，曾大嫂站在人群邊安靜聆聽的神情，以及他們對年輕朋友的孺慕關愛，再想起曾大哥對這場座談會的用心熱情，心口一緊，我感到心痛無比，也因為自己的無知而自責不已。

明明是人生裡巨大的一份痛苦，他們卻可以轉化成為對他人的支持與熱情，天底下怎麼有這樣無私大度的人？

車行途中，一陣猛然剎車，曾大哥把車停在路中間，一個箭步跳到馬路上，抱起一隻尚未離乳誤闖車陣的小貓咪，他把瘦弱的貓咪放在腳踏板旁邊，重新上路，打算把它送到海邊咖啡廳。「可憐啊！」一個大男人，溫柔的說，口氣裡充滿愛憐。

早晨的海邊，輕風徐徐，一片靜謐。曾大哥把小貓放在一隻剛剛生產完的母貓面前，轉身和丈夫在濱海的亭子裡喝咖啡。我和孩子們蹲在貓咪邊邊，看著小貓喵喵湊到母貓身邊，母貓在它身上愛憐的舔了一舔，我和孩子們互看一眼，安靜的交換一個放心的微笑。

回到亭子裡，兩個男人的對話還在進行，曾大哥回憶當年的話題才剛剛落下句點，我看見他眼眶裡淚光盈盈，懸在海風裡，始終沒有落下來。

馬來西亞馬六甲，一段萍水相逢的奇遇，一些至情至性的朋友，一份我永遠不可能忘記的溫暖與感動，將在我的記憶裡，與這塊土地長相左右。

第三部

千里外，總是想起我的家

1 脱軌

時間是溽夏七月末，地點是中和景安捷運站樓上的短期出租小公寓。

大門一開，我眼尖的發現女兒臉上閃過一抹懷疑的神情。她環顧眼前十坪左右的套房，不說一句話，只是安靜的把行李放下。我借她眼中遲疑的光好好打量這個地方，一張床一條沙發一架電視一個小廚一個小衛浴，再塞進此刻闖入的四個人五卡行李。這是我們的新家嗎？不要懷疑，未來三個星期，我們就要在這裡開伙、睡覺，在這裡辦起家家酒了。

是這個網路上找來的暑假小窩完全逸出她的想像嗎？她似乎還沒意識到，從假期開始，我們的生活正一點一點離開常軌，往著失序的方向走。而這個和雅加達自家臥室一般大的新家，它才只是一個開始。

接下來的每件事全部不按牌理出牌了。

首先是媽媽不煮飯了，她說天啊到處都是好吃的想吃的東西，吃都來不及了，哪裡有時間煮飯？在罷工廚娘的帶領之下，我們每天像獵犬一樣在街上到處獵食。美而美、排骨飯、牛肉麵、廣東粥、涼麵、滷味、旋轉壽司、吉野家……一樣一樣都不願放過。不只肚子裡的食物五花八門日新日益，規律的用餐時間也自然而然不見了。是餓很久了嗎？我們好像隨時隨地都在覓食。街上走一圈，手上莫名其妙憑空多出一袋一袋亂七八糟的小吃，裡頭有水煎包、紅豆餅、蔥花餅還有漂亮得不得了的西點麵包，每一樣都捨不得擦肩而過。有吃自然有喝，就連那些平常媽媽不給喝也喝不到的珍珠奶茶、冬瓜粉條、百香椰果，全都變得理所當然，人手一杯。

在久別重逢的家鄉美食面前，那個花了幾個月的時間瘦了六公斤的媽媽完全失控了。原本晚上不吃澱粉類的堅持正在節節退守，一開始她說我吃一點就好，後來她說我明天再減肥，終於有一天她舉手投降，滿嘴食物口齒不清的說：「我決定了，我回印尼去再減肥！」

規律的生活作息從此瓦解。亂吃也亂睡。以前老媽子十點以前就要開始催促小孩上床，現在哪可能？逛個夜市回家都十一點了，吃個點心還要看韓劇《粉紅色口紅》，看柳佳恩和金美蘭吵架吵到凌晨一點還不過癮。天啊，這世界亂了套了，本來只看《海綿寶寶》和*Tom & Jerry*的兒子啊，什麼時候一轉眼也成了滿腦子恩怨情仇的超級韓劇迷？

生活亂了，天氣也亂了。這個夏天的高溫聽說快要破記錄了，熱氣騰騰的大白天我們不敢出門，窩在蝸居吹冷氣。小小空間怎麼走都不過幾步之遙，轉來轉去不是撞壁就是撞到自家人。天氣火人也火，不是你看我不順眼就是我看妳不服氣，好不容易撐到中午過後一場大雨澆熄熱氣和火氣，我們伸伸懶腰，分頭打包出門去。

女兒有約不完的會，和以前的台灣老同學逛街、和從比利時回台的老朋友聚會，一場過一場沒完沒了。她通常不和我們一道，說聲Bye-bye逕自出門廝混一整天。這樣熱情的女兒一點都不稀奇，稀奇的是她小姐是天生路痴，去餐廳吃飯上個廁所就會回不來，可是她現在卻神勇無比，一張捷運卡帶著她去任何她想去的地方，轉來轉去也沒聽她迷過路。台北捷運真是個好東西，一早上課的丈夫以及最後出門的母子二人檔也全靠它。我們把悠遊卡一遍又一遍的加值，在幾條線路之間來回悠遊。流暢的移動令我們完全忘記幾日之前雅加達擁塞打結的交通，我們甚至還忘記，其實我們有一輛車一位司機正在南國一隅閒閒納涼放大假。

亂了，反正一切都亂了套。動線南移，我們轉移陣地回南部去，那裡有炙烈的陽光伴隨著家人的溫情等著我們。可以想見的，那裡有更不按牌理出牌的假期等著我們。重新聚在一起孩子們可樂了，表哥表姐一夥人成群結黨另闢天地。從他們的眼中望出去，「大人」自動消失了，被刪除了，他們自創另一種模式自作主張的快樂過活。當八個久別重逢的小孩聚在一起，我悲哀的發現，以往家中既定的約束規範，在轉瞬之間成為泡沫幻影，沒有誰理你。你看見大女孩們關在房裡竊竊私語，交換私密的少女心事，你看見男孩們打球騎車亂玩一通，搞得滿身臭汗。如果你不識趣在這個當口開口囉嗦兩句，他們不會回嘴，可是他們會彼此交換一個眼神，那裡頭有心照不宣的密語，清清楚楚說的是：「看吧，沒騙你吧，就告訴你我媽就是這麼煩！」

自己的小孩也都變成不認識的小孩了。其間，登峰造極的記錄是兩個男生晚餐飯後一聲不響的騎車出門逛大街，一去兩個小時音訊全無。我和大姐、父親著急的分頭尋人，最後終於在夜深的小鎮街頭看見兩個呆瓜乘著夜風一邊騎車一邊聊天好不快活。這兩名浪漫的騎士裡，有一名正是我家兒子。

後來問他，怎麼出門都不說的呢？他說：「咦？我沒說嗎？」

看著他無辜的眼神，我開始有點擔心，當假期結束回到雅加達的時候，該怎樣才能把脫軌的生活一樣一樣回歸原位呢？

2 回家

從機場出來後，我們直接轉搭高鐵回南部，又一度的返鄉假期，這回，要從我們的家鄉小鎮開始。

隔天，夥同十幾個家人一起去後壁鄉菁寮村溜達。雖然後壁鄉距離我們的小鎮只有不到一個小時的車程，可是印象裡我們從未就近去拜訪過那裡。這回，為什麼偏偏選擇後壁鄉？又為什麼是菁寮村呢？那是因為我們在比利時認識的法籍韋神父就在菁寮的天主堂。他是我們多年前在異鄉的好朋友，我們想和家人一起去探望他。

自從幾年前在冰天雪地的比利時和神父說再見之後，幾年過去了，如今我們卻在艷陽高照的台灣南部再度相逢。老朋友見了面，一個久違的擁抱，相視而笑，什麼話都沒說出口卻已是萬語千言。這人生際遇真是奇妙，怎麼會一轉眼，又是各自一段截然不同的人生路途擺在眼前？

神父為我們導覽這座五十年歷史的天主堂，十六歲的姪女站在一旁瞪著大眼睛偷偷的笑，「這位說著一口流利台語的外國神父，既風趣又認真，簡直是酷斃了！」小女生用崇拜的口吻這樣說。

韋神父的故事豈止是酷斃了可以形容。二十年前年輕的韋神父從法國來到菁寮小鎮，在古意雅緻的天主堂開始他的新人生。他習得一口流利無比的台語，完全融入原鄉生活，以他的信仰和他的真心與當地鄉人搏感情。從青年到壯年，他的半輩子已然奉獻給純樸的菁寮小村，對他來說，這裡，距離他的原生家鄉千萬里的地方，才是他的家。

後來，十六年後他被調到比利時的另一座修院，我們就是在那個時候因緣際會認識了他。第一次見面的時候，我想當然爾的對著高大壯碩的神父開口說國語：「神父，你是哪裡人？」神父一秒鐘都沒遲疑，用我不能再熟悉的閩南語，加上不能再純粹的南部口音回答我：「我係台灣郎！」

可愛的韋神父，不論到天涯海角都心心念念惦記著他的台灣家鄉。在比利時的修院裡，他全心全意把自己奉獻給上帝，可是他始終不能忘懷他在菁寮的小小天主堂。寒冬假日裡，我們從布魯塞爾開一程遠路去探望他，他開心極了，逢人便得意的說：「看哪，這是我的同胞！」薄夜寒風之中，他領著我們在聖母顯靈處的泉水邊，把雙手浸入冰涼的泉水，低聲禱告，他說：「願上帝眷顧我的台灣家鄉。」我一旁聽著，眼淚險要落下來。

我們離開比利時到了印尼後，輾轉得到消息，韋神父又回到台灣了。憑著一股「我要回家」的堅定信念，歷經不可思議的許多波折，他如償宿願終於爭取到回家的機會。而我們，幾年之後，總算能在「家鄉」再度聚首。

對一個把台灣當成第二家鄉的法國人來說，「回家」這件事如此神聖，仿若生命裡不可或缺的儀式。對浪跡天涯的我來說，「回家」這件事如此必然，那是我不能不去的加油站。每隔一段時間，回到自己的母土，加足油，充滿氣，我才能重新上路。

結束一場美好的重逢，從教堂出來以後，我們頂著烈日走路去餐廳吃飯。十幾個家人圍著大圓桌吃飯，鬧哄哄，感覺像過年。吃飽喝足，一夥人頂著烈日開始逛大街。有些人在嫁妝老街閒晃，採買古意十足的鄉下老東西，有些人偷溜去小店吃紅豆剉冰，有些人躲在米店和紀錄片《無米樂》的崑濱伯哈拉閒抬槓，有些人當街而坐，一人一杯冰紅茶閒聊嬉笑，也有些人什麼事都不做，曬著恬靜的陽光，聞著恬靜的空氣，任由時光靜靜悄悄的提步離開。

這是我所熟悉的鄉下老生活，與世無爭可是卻又家常熱絡。雖然我已經離開那樣的生活那麼多年了，可是每次一靠近我都覺得那麼熟悉，好像一直沒有走開過。我想，那應該已經是我生命裡的一個堅固的基質了吧，因為就算走到天涯海角，我永遠是一個來自台南的鄉下小孩。

回家，不僅僅是回到溫暖的故土，貼近熟悉的生活，更要緊的，是和家人廝混終日，親密過活。回家的短暫時間裡，我通常不特別做什麼，像隻跟屁蟲一樣跟著父親去這裡去那裡，騎著摩托車歪七扭八去買排骨，和姑姑去黃昏市場買菜，和姐姐去吃米糕四神湯，和弟弟去買鱔魚意麵，跟一家人圍著桌子鬧烘烘一餐吃過一餐，大聲說話大聲笑鬧，就像當年還沒離開家的少女一模一樣。

從天涯回到海角，心滿意足，這就是我要的幸福。

3

過年

大年初四，爸爸家沒人接電話，弟弟家也空無一人，打到大姐手機，電話那端人聲吵雜你一言我一語說是正要下車買洋蔥。我在寂靜的電話這端一頭霧水的大聲問她：「你們到底在哪裡？」

她說：「車城呀！」

車城，國境之南，陽光終年的地方，我的一大群家人浩浩蕩蕩三五小車車隊冗長，正忽前忽後急駛在南方的濱海公路上。我輕而易舉就可以想像那開春的陽光是如何在他們車窗上跳躍，無邊的大海又是怎樣若隱若現透過木麻黃波光粼粼閃在他們身旁。眾聲喧嘩，這一年，我又錯過了這一回。

對我來說，過年就是代表著全家人可以聚在一起廝混終日。初二過後大家都陸續回來到爸爸家，大人們圍著小桌鬧哄哄吃飯喝茶閒磕牙，一群小孩樓上樓下奔跑追逐作亂一樣一伙江洋大盜。通常我們不會一直窩在家裡等著天花板總有一刻被掀開，我們或遠或近出門去，一大票人馬雜沓駕著幾匹小駒揮鞭上路。這麼多年來，這隊人馬去了不少地方，留下不少忘都忘不了的家族記憶。

我們家過年出遊的歷史由來已久，從我記事以來這習慣好像理所當然它就在那裡了。每回過年我們一定會去到某個風景名勝，一家人擠在一起穿新衣戴新帽留下幾張到此一遊的大合照。那些泛黃的相片老早就不知道被壓在哪個箱底。可是就算幾十年過去了，我對當時喀擦停格的那一幕卻還是記憶猶新，我幾乎可以正確無誤的說出來那年在溪頭的那一天我穿著什麼樣的衣服，在鵝鑾鼻的燈塔前我們四個小毛頭站著什麼樣的位置，我當然也不會忘記當我已經是二十歲大女生的那個過年，在亞哥花園，我穿著一件大紅色毛衣，愛嬌而親暱的挽著媽媽的手臂，旁邊的爸爸手裡捧著一盆新買的花。我們三個人，是的，我的生命裡最原始而完整的三個人，正笑臉盈盈對著鏡頭留下一段不滅的幸福光影。

回想起來，我其實很難理解為什麼我的年輕父母會如此看重新年出遊，年年實踐它彷佛履行一樁神聖的儀式。當時我們並不富裕，爸爸白手起家，從一輛一點二五公噸的小貨車艱苦的開始他的司機生涯。我不認為辛苦持家的爸媽有足夠的能力去浪漫去優遊，可是說也奇怪，平日那輛帶著爸爸日夜奔波的小貨車，每到過年無一例外，搖身一變變成現成的遊覽車。我永遠不會忘記那個有趣神奇的變身過程。爸爸先在貨車後車斗周圍架上鐵架，從上而下蓋上整張帆布，形成一個溫暖不過風的洞穴，然後放進幾張榻榻米，丟進幾個枕頭幾張棉被，最後把小孩像下水餃一樣一個一個丟上去，一個舒適的移動式房車於焉成型。它不僅是房車還是餐車，我們在帆布洞穴裡坐臥兩相宜，看著路上風景倒退行進像看電影，還在裡頭大快朵頤。如果你走到車尾把帆布門簾掀開，你會聞到一股夾雜著椪柑糖果餅乾魷魚絲還有瓜子的濃厚味道衝鼻而來，那是年節的氣味也是幸福的滋味。

搖搖晃晃一年過一年，小貨車越換越大，路程越跑越遠，隨行的親戚朋友越來越多，當然，後車斗裡頭裝著的四個小娃越長越高。終於有一年爸爸買了一輛嶄新的私家小轎車，我們的過年旅遊就要升級成為豪華版。可惜的是，媽媽沒多久就離開了我們。

少了女主人的年節自然大不相同，有許多年我甚至記不起來我們過年的時候，全家去過哪些地方，做過哪些事情。我只記得有一回和爸爸去看了一場電影，是許不了演的賀歲片吧，我陪爸爸在電影院裡跟著其它觀眾哈哈大笑，而且我還是全場笑得最誇張的那一個。看完之後在離場途中，爸爸突然轉過頭來，了然於胸的笑著對我說：「妳陪我看這電影，其實妳覺得它很沒水準吧？」

泛著淚水的笑容，對我來說那是一個苦中作樂的過年。至於其它的家人呢？他們的身影模糊極了，閃閃爍爍忽遠忽近圍成了一個又一個不完整的團圓，以往全家歡樂出遊的習慣好像有默契的退到一旁默默的變成了一種過往。

後來爸爸離開台灣到大陸去開創他的新事業，我們也都各自嫁娶，散落各地。大家都離開家也都有了各自的家，一棵大樹開枝散葉之後反而讓人更加惦記著它的源頭。當年的四個小孩都有了他們的小小孩，一如歷史重來，我們重整人馬把過年旅遊的傳統重新喚回來。

於是相簿裡又開始出現許許多多名勝古蹟的大合照，不同的是現在的規模更勝於以往。當年的四個小毛頭變成十個小毛頭，當年的爸爸變成爺爺，當年的姑姑變成姑婆。不知怎麼回事，當年的我一轉眼變成了媽媽阿姨姑姑小姨子大姑……

天哪都不知道要回答哪一個。

早在還住在洛杉磯時，我就曾經千里迢迢拎著兩個小娃回台湊熱鬧。那回我們去了恆春鵝鑾鼻，四個兄弟姊妹站回白色的燈塔前，照了一張橫跨數十年的合影，後來回家翻出舊照兩相比對，一夥人笑翻過去。怎麼能想像，時光竟然像一陣南台灣的海風，像這樣輕而易舉拂面而過。

回台灣那四年，是我們家族過年旅行的全盛時期。幾輛車幾付對講機（別懷疑真的還用對講機）、幾個家庭（總會有那麼幾個親戚朋友共襄盛舉）浩浩蕩蕩南北亂跑。去過哪裡呢？去台東露營，去南投住民宿，去西湖渡假村住小木屋，去日月潭看涵碧樓，去阿里山吃便當。

最離譜的一次，是有一年各自吃完除夕飯，各個家庭全員集合夜奔中正機場，一行十多人轉兩班飛機，飛到爸爸漳州的家，去過年。

跑過天涯海角，那是我至今最盡興最放鬆的一次旅行。除夕深夜的機場大廳，當大群人馬準備出境時，突然之間有個人大夢初醒般的發問：「喂，你們有換錢嗎？」大家面面相覷一齊搖頭。「那你們知道我們接下來三天的行程嗎？」再搖頭。那好吧，總有誰知道我們今天晚上睡哪裡吧？還是一片鴉雀無聲。

出國旅遊史上最天兵的一群遊客，人事不知，混沌不明，轉過頭去嘻嘻哈哈等著上路。管它呢！反正爸爸在那裡擋著，他就是銀行就是旅行社就是休閒渡假村，我們只管兩袖清風頭腦空空跟著上路，就像當年翻身上車摔進後車斗的小毛頭，不管車頭開去哪裡，我們吃吃喝喝去玩就是。

那真的是「玩」。不管吃，不管睡，不管車，不管下一個行程在哪裡，完全不用費心耗力，我們只管乖乖跟著爸爸走。那三天，一餐吃過一餐，從爸爸的工廠吃到弟弟的礦區，餐餐豐盛無比，一程越過一程，從平地玩到深山，處處都有好風景。最重要的是，我們全家在一起，嬉鬧說笑百無禁忌，我平日的武裝與戒備也都跟著放假了，在家人面前我只是一個女兒一個姊妹和一個隨時有人替手的媽。本色而已，簡單而已。

這麼多年過去了，我始終不能忘情那次的旅行，並不是因為旅程當中景色絕美或是文化豐饒，原因很簡單純粹，因為我和我的家人親愛和睦的在一起。只有跟著家人一起的旅行我才能這麼沒有負擔，這麼放鬆自在，這麼溫暖而快活。

對我來說，家人是什麼呢？他們是我的人生裡最底的那個角落，不管外面的世界如何精彩或困難，只要我往回望，他們一直在那裡等著我。

年紀越來越多，長路越走越遠，我越發現家人給你的愛將會是你一輩子最重要的資產，那是一個力量的總源頭，源源不絕的鼓勵著你在人生的長路上具足勇氣努力往前走。這話其實說來有點奇怪，因為自從十九歲離家之後，我和老家的關連，一年復一年早被外面的世界漸拉漸遠，和家人在一起的時間聯絡的機會也遠遠不如身邊親近的朋友。可是當我天涯海角繞了一大圈，看遍過眼雲煙，彷彿有著某個神奇GPS的指引，把我疲累的腳步自動定位到最原始的家園，我明白，只有往那裡去，我才能得到完全的支持以及全然的休息。

尤其長年的海外生活之後，安居樂業變成一個無法持續的企求。在現實生活裡，我義無反顧奔向每一段不同的道路，像是一頭精力無窮的牡羊，只有前行沒有退路。可是當夜夢來臨，我卻不斷的在每個不同的陌生房子之間擺盪徘徊，內心徬徨不已。我曾經笑著跟丈夫說，如果把我夢中住過的房子畫出來，恐怕都可以出一本建築大全了。唯一例外的一棟老房子，那是我的老家，它總是在我低潮或困難的時候以安定的姿態在夢中出現。三個樓層不變的格局它永遠在那裡，我在幾樓之間來回走動，和爸爸媽媽姐姐弟弟妹妹在裡面過著尋常歲月，說些平常的話，然後一覺醒來，恍然好像真的回了一趟家會了一遍家人。我帶著熟悉的餘溫回到天涯海角的現實世界，突然感受到被一股新生的能量充滿，又可以是一隻橫衝直撞的熱力牡羊。

就算在千里之外的夢裡，也要和家人在一起。

和家人在一起，我想這就是我們長年來的家族過年旅行最大的意義所在吧！不論去什麼地方，重要的是這一趟路上平日難得共聚的家人們得以藉此機會緊密為伴。我享受那種氣氛，我貪愛那份放任，可偏偏太多的時候我只能在海外過年，千里之外不中斷的年節出遊裡，我常常是落單的那一個。

就像現在，我只能從國際電話裡追蹤他們的行蹤，跟著他們去吃團圓飯，去採番茄，去逛花園夜市，去車城買洋蔥，然後心不甘情不願的掛下電話，從沸騰的人聲裡回到安靜的這一端，繼續等待下一個得以回家廝混的新年的終將到來。

4 你們的花蓮

之一：葛莉絲花園

有了孩子之後，你們再也不曾兩人單獨遠遊，算一算，十六年過去，那已然是很長的一段時間了。

暑假前兩個星期，你突然之間從兒子口中「不負責任的媽」的角色裡猛然醒轉，史無前例的克盡職責，在最後關頭硬是把兩個孩子塞進台北夏令營的名單當中。幾乎沒參加過任何營隊的少年少女一頭霧水，不明白為什麼好不容易放假回到台灣，竟然不是去玩，而是去上課，當下拉下臉來嘟著嘴連聲說：「為什麼？

為什麼？為什麼！」你振振有詞的辯說那也是在玩呀！邊玩邊學習（？）、見見另一個世界（？）、認識另一個領域（？）、結識一些新朋友（？）……說到這裡，才總算稍稍打動女兒的心弦，而那個依舊是一臉苦瓜糾結的兒子，直至行前，還是弄不清楚這生物科技夏令營的什麼東東，到底所為何來？

一直到當天清早，在台北車站集合處莫名其妙遇上他的好朋友，幾天前才在雅加達依依不捨說再見的老鄰居，竟然不約而同參加同一個營隊，這時渾沌少年才總算興高采烈的跟著隊伍上了車揚長而去。送完兒子，女兒還在身邊跟著，她的集合時間要晚一些些，你們把她安置到一家咖啡座，買好早餐，奉上報紙，交代好集合地點確定她不至於迷路跟不上隊伍，看看時間該是時候了，你們和她說再見，依依不捨的走到轉角處，然後，轉身快跑。

快跑快跑，跑過十六個春秋寒暑，暫時卸下爸比媽咪的甜蜜盔甲，你們輕身跑進月台，俐落的跳上開往花蓮的莒光號，鈴聲響起，三天的自由時光朝向你們快步迎來。

這三天，你們去花蓮。

幾個星期之前，當翹班出遊的念頭閃過腦海的那一剎那，你們絕無歧見的齊聲說：「我們去花蓮！」

台灣那樣大，好玩的地方那樣多，為什麼偏偏是花蓮呢？

這些年，過盡千帆看遍雲煙，可是你們最鍾愛的山之巔水之湄，說來說去還是花蓮。很多年前你曾經坐在陰天底下的蔚藍海岸旁，不解的看著那鐵灰色的海岸線，心裡狐疑著，你們花蓮的海不知道要比他們這個藍上幾度，怎麼偏偏他們才叫做蔚藍海岸？從此之後不論到哪裡，只要是有海的地方，你都會忍不住把它拿來和你們的東海岸較量一番，到目前為止，你還沒能發現更勝的那一方。而你身旁那人比你更加專執，不論他在哪一個國哪一處家，偶爾，總有一個脫軌的片刻，他會從繁忙的公事與無解的壓力當中抬起頭來，雙眼迷離，心馳神往的喃喃自語：「我一定要去一趟花蓮！」你對他現實生活中那樣短暫的失神習以為常，你理解他對花蓮的懷想已經成為一種象徵，那代表著純粹的寧靜和平和，全然的休憩和喘息。多少年了，那是他夢想當中的後山天堂。

所以你們把十六年來第一次的兩人出遊，獻給了花蓮。

行前，你除了一開始說你想去花蓮那句話外，全部的行程你了無貢獻。婚姻之路越走越長，你越來越老也越來越懶。你不時在暗地算計你倆之間偷懶的空隙耍賴的餘地，你有點學聰明了，在當了十八年的廚娘打掃婆水電工之後的今天，你總算認清，不能把所有的「小事」都不聲不響做完，你得裝傻裝笨裝糊塗，留一點給那白面書生在下半輩子慢慢去琢磨。

於是你聽見火車開動之後，身旁那人開始發表旅程揭幕感言，他得意洋洋的譴責你也褒揚他自己，說：「妳呀對這趟旅行毫無建樹，不過沒關係，我把行程安排得妥貼無比，妳只要乖乖聽話跟著走便是。」你這也學聰明了，不多說，以仰慕的眼神看著他點頭如搗蒜，好像目不識丁的粗鄙村婦，抬頭仰望著滿腹經綸的清高秀才。

結果是，火車幾乎站站皆停的跑了三個多小時就要跑到花蓮了，你終於按耐不住問他：「不好意思喔，請問大人，您為什麼不買跑得比較快的自強號呢？」他逮到機會了，又臭屁的說：「大嬸妳以為這麼容易搶到票嗎？再說了要不是我聰明選了這班車，哪裡到得了壽豐鄉？」

你假裝不解的問：「可是，下一站就是花蓮了，這班車沒停壽豐站呀！」十分鐘之後你們莫名其妙在花蓮站下了車，看了列車班表才知道，原來要在這裡改搭南迴列車才到得了壽豐鄉。距離下一班車還有四十分鐘，你們四處亂晃，走著走著，你這才發現身邊那人身上根本沒帶多少現金，金融卡裡也空空如也。好在類似的慘痛經驗太多（想當年在新加坡要不是你莫名其妙突然記起信用卡的提款密碼，你們一家四口身無分文根本就回不了家），你心中老早有所防備，只是沒想到偷偷帶來的三百元美金竟然在第一天就派上用場。你們趕緊尋找銀行去換錢，誰知那最近的銀行居然在腳程二十分鐘之外，你放他在通訊行辦預付卡（那老兄不僅沒錢也沒電話卡），你自己在烈日之下向著銀行快走，等到台幣到手，啊，那班開往壽豐鄉的火車已經自顧自的到了壽豐鄉。

再下一班車在兩個半小時之後。等你們搭上車又站站皆停的來到壽豐鄉，已經都要日暮黃昏了，那比策劃者原本的完美時間表還要遲上好幾個時辰。一整個下午的周折，你們大汗（還有，大雨）淋漓的來回奔走，中間兩人還一度因為手機不通失去聯繫，可是你們罕見的始終保持著好心情（尤其是那人在幾度凸槌之後還可以眉開眼笑）。你們極有默契的呵護這次旅程，畢竟這是十六年才一回的小蜜月，可千萬別給這些小枝小節搞得灰頭土臉，怨偶收場。

廢話說太多，現在真正才要開始你們的旅程，第一站，壽豐鄉的葛莉絲莊園。

這是什麼地方呢？你一無所知，毫無概念，只是大略知道好像那全知的旅程策劃者從家裡書架上找到一本民宿的書，讀了一個民宿人的故事，無比感動（衝動？）的訂了一宿。他信誓旦旦的說保證你一定滿意，不過，以他目前為止的表現來看，他的精心安排，頗令人感到微微的憂心。

你催眠自己絕對不要懷抱過多期望，直到那世外桃源般的僻靜莊園從隱密的鄉間浮現在你的眼前，你才願意確定，啊，那老兄總算猜對了一件事情。

很美的好山好水好花蓮。

這是一座建立在花蓮土地上的山水莊園，可是你一進門立刻聞到了專屬於城市的精緻氣味。時間有些遲了，受過專業訓練的女侍行禮如儀按部就班的介紹即將呈上的香草下午茶，她很專心，你很分心，你的心思老早飛到了外頭的景色裡。你其實很想從那些精雕玉琢的介紹詞裡掙脫出去，對不善於繁文縟節的你來說，用心去領略遠比用話去傳遞更加實際。

你們快快喝完茶，搬了家當，拿了相機，搶在白色的烟嵐覆沒整個天空之前，園裡園外到處走走。

除了蟲鳴蛙啼，四下幾無聲響，你們向著不知名的鄉間小路隨意走下去，好遠好遠的路沒有盡頭似的，一直到暮色升上來才漸漸的隱去。你們慢步的走回莊園，這時，星子已經浮上夜空了。

好安靜啊，這只有兩個人的，你們的花蓮。

之二：牛山呼庭

嚴格說起來，多年來那人重複的那句喟嘆，應該是：「啊，我一定要再去一次花蓮——花蓮的牛山呼庭！」

「再去一次」，是因為多年前他曾經去過，不過僅僅是蜻蜓點水的匆促造訪，同行的還有妹妹一家，大人小孩七八人，熱鬧紛亂像一陣快風的草率略過。那個黃昏你們幾個婦孺因為之前的行程有點疲累了，無暇旁顧，只關心著那地方的風味晚餐粗茶淡飯饒有原始的清香。可唯有那人不同，他獨特的浪漫情懷遠超過轆轆饑腸，他的眼光看出去的牛山呼庭和我們不一樣。那是一片樂土，奇山異水中間有一座大山坡，山坡底下還有許多樸拙的奇雕異石，交織成一股奇異的原始氛圍。在那裡在那一瞬間，文藝青年的內心突然升起一股感動，在他離去的時候還在拼命呼喚他。

你們對他的這類行徑一點都不稀奇，有一回你們原班人馬去宜蘭大同鄉，當大家站在高處賞心悅目的欣賞美景時，一回頭驚覺那人居然對著山腰間的小教堂揉眼睛。他語帶哽咽的說面對這片美好鄉土他心中有著無比的感動，眾人嚇壞了，哭笑不得的紛紛走避，留他一人傷春悲秋憂國憂民盡情的感動。

牛山那回他沒有那麼誇張，可是你看出了他對那塊土地的無限衷情。那時你僅僅知道他遺憾與牛山相見恨晚，可是你並沒有料想到在未來的七八年間，他會把驚鴻一瞥的莊園當成一個夢想的指標，時不時，在心情鬱悶的時候給一個方向，好讓自己還有出路可走。

那好山好水是一個中年男人私藏的祕境桃花源，得以喘息得以安歇，得以暫時忘記肩上的擔心上的傷，得以給一個機會完全歸零重新再來。那是你婦道人家無法領略的一塊聖地，只能安靜的在旁聽著，胡亂接腔。

可是你從來沒認真附和要在未來的某一天共同參與他的再訪計畫。你沒有他曾經有的感動，也沒有異地重遊的熱情，你覺得那是他自己的心願應該他自己去了，你相信生命某些時刻雖然只有自己一人可是絕對不孤單。你暗地忖度，如果那天到來，你會放他一個人去赴約，他將會是完全自由的了，可以躺在沙灘上一個長夜，坐在高坡上仰望長天，都隨他，那是他的世界，你樂觀其成。

你會如此阿莎力是另有原因的，外人有所不知，牛山呼庭不只是一塊原始的樂土，它的住宿設備，也很原始。江湖傳言說，那裡的房間裡沒有冷氣沒有衛浴沒有電視，你強烈懷疑你自己挑戰這種原始生活的能力，你對自己毫無自信，才不會輕易跟上去找個機會試煉你自己。

可是這次兩人獨遊花蓮，水到渠成，最大的目的終究是回到牛山呼庭，天時地利人和，你連一點遲疑的機會都沒有。

他還是看出來你的遲疑了吧，於是先讓你住上一晚五星級的葛莉絲莊園，堵住你的嘴。這樣的好心安排究竟會是怎樣的結局呢？那天中午離開葛莉絲，你身上猶原帶著城市的嬌氣，糊里糊塗的尚且不知道接下來的行程正以完全顛倒的姿態等待著你。

那完美計畫的策劃人待你不薄，在回到花蓮的火車上，他又露出先前那種得意的神情，說，我老早為你租了車喔，我還準備了很多好聽的CD，一邊看風景一邊聽音樂，妥當啦，一切包在我身上！

你感激涕零深情的看著他，報以貴婦般的優雅微笑。只不過，從花蓮車站走向租車公司的路上，你突然想起一件事情，咦？租車不用看駕照嗎？那老兄的台灣駕照不是五年前已經拿去咱們Wezenbeek-Oppem的市公所換了比利時駕照了嗎？

他氣定神閒一點都不緊張，說：「安啦我有帶印尼駕照，沒問題啦！」

印尼駕照？你在租車公司門口縮了腳，放他一個人進去「拿車」，你坐在騎樓的位子上，心裡倒數著「5，4，3，2，1。」如果沒猜錯，他下一秒鐘就要空手出來了！

果然，沒多久，他老兄一臉迷惑的訕訕歸來，口中還不停喃喃自語：「怎麼會這樣呢？為什麼他們不接受印尼的駕照呢？」

相望兩無言，你定定看著他，憂患意識正一點一滴越過一夜五星好眠，重新回到你的腦袋瓜，你好夢全醒，也無風雨也無晴的說：「那就坐客運啦。」

你把他原本預計要一把甩進後車廂的沉重行裡接過來，讓他去對街遠處的客運站詢問班表。那日天氣大好，陽光正烈，你瞇著眼睛看著他在烈日下開步走去，沒多久他從老遠處給你打手勢，要你快快過去，車子就要開了！你扛起大行李，唉呦一聲，以跑給警察追的小販姿態在烈日之下開跑，追車子。

猛然而起跑得太急，你眼前星星一片，五顆四顆三顆兩顆一顆直至通通不見，你心知肚明，從現在開始你的花蓮之旅就要從五顆星一路盪到X顆星啦！

老客運上只有你們兩個外地人，也只有你們兩個「年輕人」，因為一站停過一站上去下來的全是年邁老嫗。一輛老車載著幾個老者，過海穿山走進老時光，搖搖晃晃，緩緩慢慢，你們跟著離開了市區，掉進了一個安靜的淡色的另一個時空。

你一點都不怕像這樣旅程當中的小波折，你其實更喜歡這樣渾沌的時刻，可以瞬著大大的眼睛看著陌生的風景，猜，到底下一站會是什麼樣的地方？

老車慢開，將近一個小時，你們連人帶袋一起被吐出來，下在一條公路邊。一下車，藍澄澄的大海，就在眼前。

牛山呼庭，八年之後，你們又來了！

那人看見牛山呼庭的門牌，一個箭步跨過去東摸摸西看看，興奮的像個孩子。你留在大馬路的這一頭隔著像機鏡頭打量他，這麼多年來，歷經那麼多波折與起落，他有點老了，他精神奕奕的風采少了，可現在，你看見那個輕鬆的少年郎穿越時空飛奔回來，你很久沒見著這樣輕安自在的他了。你心生感激，那好吧，牛山呼庭，你心甘情願陪他走這一回

年輕老闆開著車來接你們入山，一路上那位精神亢奮的借宿者嘮嘮叨叨把他舊

呼庭

牛山呼庭，你看見那個輕鬆的少年郎，穿越時空，飛奔回來。

地重遊的故事再說一遍，唉，你都會背了，他卻一點也不厭倦。

進到園區，你搶著下車，拿了相機就跑。你要把這重逢的重要時刻留給他一個人，你一點都不想眼睜睜的看那鐵血漢子又在你面前揉眼睛。就算是老夫老妻了，你還是堅持，生命裡有些重要的時刻十分私密，除了自己誰也替不起。

你放眼看去，那山那海那高坡一下子在你眼前有了清晰的輪廓。幾年前你們來時已近黃昏，其實你的印象模糊極了，反倒是現在，你才總算揭開一層紗，仔仔細細的看清楚，牛山呼庭陽光之下秀麗無比的真面目。

半個小時之後你才和那人在餐廳會合，你們被領到一間小木屋，上面寫著「兩人世界」。你推開咿呀的木門，探頭進去，兩個榻榻米大的空間全部擺在眼前。你雖然心中早有準備，可是還是忍不住深吸一口氣，這時候只有一個念頭闖進你心裡，那就是，你得乖一點啊，克制一點啊，千萬別在這兩人世界鬧起脾氣吵起架，否則到時候，躲都沒得躲。

牛山呼庭的美好時光就此開始。你們四處閒晃，走走坐坐看看。這天住宿者不多，外來遊客也不多，大片山大片海全部都是你們的，不需要跟誰小心分享。除此之外，大把的時間也是你們的，你愛怎麼花就怎麼花。突然之間，你們變成空間和時間的億萬富翁，富足到令人心慌。

時間在牛山呼庭走得可真慢呀！你們在懸空的高台上坐著看海，站在有蔭的地方吹著風發著呆，倚在兩人世界的木門邊，看著山坡上人影三三兩兩。時間像是長了蜘蛛的八隻長腳緩慢挪移，你忍不住一直拿出手機看時間看有沒有訊息，可那時針分針怎麼回事打結了一樣動也不動，你開始理解到，原始生活的美好絕非像你這樣的凡夫俗子可以輕鬆領受。

身邊那人和你不同，他享受這樣空白的時刻，他的臉上一片自在與安詳。

你真羨慕他。

午後，一陣烏雲攏過來，陽光一吋一吋漸漸的消融。你們爬上高坡走了一圈，大雨滴滴答答追著你們背影跑，你們倉皇躲進小木屋。兩坪大的空間，那人大手大腳「睏」在裡頭，可你卻是憋手憋腳「困」在裡頭。你看著外頭風狂雨驟，聽著旁邊那人鼾聲越來越響，你突然想不起來外面的歲月究竟走到了哪一年。索性你也學他倒頭就睡，居然也是一個午寐好眠。

醒來之後你們攜手去梳洗，去海邊撿石頭，去吃飯，去自自然然等著星空的到來。飯後你們坐在餐廳前頭和即將下班的廚房大嬸閒聊，她看著頗有雨意的夜

空，說，有一回大雨喔海水都漫到前面草地喔！聊啊聊，最後她跟著一群工作人員全部上了一輛車在黑夜裡就要揚長而去，啥米？我看呆了，急忙問：「啊你們都走了，那這場子誰當家呀？」

「等一下會有人來留守的啦，別擔心。」

「那那那好歹借個餐廳的電視來看看《夜市人生》可以嗎？」

「啊不好意思，那電視只是裝飾品，沒看過啦，哈哈哈！」

車子的尾燈消失在暗夜裡，你突然有一種被主人留下來的錯覺，偏偏這時候大雨又當空澆下，你們再度躲回兩人世界。看看時間，才七點，這漫漫雨夜該怎麼打發呀？

回想起來，那真是一個奇異的夜晚。你們窩在大雨的漆黑山下的海邊小木屋的昏黃的燈光下，翻著泛黃的舊雜誌，聽著手機的微弱音樂，有時候抬頭看著無端闖入的大飛蛾啪啪的來回飛著。時間啊它無聲而緩慢的挪移，一分鐘一小時慢慢翻過一整個夜。在你的記憶裡，那幾乎是一個靜止的瞬間，極其不真實的在某個模糊的時空中兀自存在著。

隔天一早你在蟬聲中醒來，推門一看，一個明亮的牛山呼庭又回到你的眼前。

離去之前，那人堅持要頂著炙人的烈日去海邊走走，你給他一把傘，由他去。第二天了，你一直沒問他，回到牛山，他到底跟這塊土地有了什麼對話，或者得了多少平靜，遂了幾分心願？此刻，看著他在海邊的微小身影，你還是沒想開口追問他還想留下什麼，或是帶走什麼？

你轉頭，喀擦喀擦不停的拍照，無論如何，你已經幫他把美麗的牛山呼庭，一張一張，打包帶走。哪一天天涯海角他如果又來碎碎唸，那你就把相片推給他，堵他的嘴，救他對牛山呼庭的無端思念——

嗯，你猜那絕對是良方一帖。

印刻文學 414

這國，這島，這城

你意想不到的印度尼西亞

作　者	杜昭瑩
攝　影	蕭　遊　杜昭瑩
總編輯	初安民
責任編輯	江秉憲
美術編輯	黃昶憲
校　對	杜昭瑩　江秉憲
發行人	張書銘
出　版	INK印刻文學生活雜誌出版有限公司 新北市中和區建一路249號8樓
電　話	02-22281626
傳　眞	02-22281598
e-mail	ink.book@msa.hinet.net
網　址	舒讀網http://www.sudu.cc
法律顧問	漢廷法律事務所 劉大正律師
總經銷	成陽出版股份有限公司
電　話	03-3589000（代表號）
傳　眞	03-3556521
郵政劃撥	19000691 成陽出版股份有限公司
印　刷	海王印刷事業股份有限公司
港澳總經銷	泛華發行代理有限公司
地　址	香港筲箕灣東旺道3號星島新聞集團大廈3樓
電　話	852-27982220
傳　眞	852-27965471
網　址	www.gccd.com.hk
出版日期	2014年 9 月　初版
ISBN	978-986-5823-89-4

定　價　360元

國家圖書館出版品預行編目資料

這國，這島，這城
—你意想不到的印度尼西亞 / 杜昭瑩 著
--初版，--新北市中和區：INK印刻文學,
2014.7 面； 公分.（印刻文學；414）
ISBN 978-986-5823-89-4 （平裝）
739.39　103014480